Catherine Opie
Sunrise, 2009

SILÊNCIO

ERLING KAGGE

SILÊNCIO
Na era do ruído

Tradução do norueguês
Guilherme da Silva Braga

Copyright © 2016 by Erling Kagge
Todos os direitos reservados. Esta edição em português foi publicada
mediante acordo com a Stilton Literary Agency e a Vikings of Brazil
Agência Literária e de Tradução LTDA.

Grafia atualizada segundo o Acordo Ortográfico da Língua Portuguesa
de 1990, que entrou em vigor no Brasil em 2009.

Título original Stillhet i støyens tid: Gleden ved å stenge verden ute

Capa e imagem de guarda Claudia Espínola de Carvalho

Imagem de capa Granger/ Bridgeman Images/ Fotoarena

Preparação Mariana Delfini

Revisão Renata Lopes Del Nero e Clara Diament

Dados Internacionais de Catalogação na Publicação (CIP)
(Câmara Brasileira do Livro, SP, Brasil)

Kagge, Erling
    Silêncio : na era do ruído / Erling Kagge ; tradução do norueguês
Guilherme da Silva Braga. — 1ª ed. — Rio de Janeiro : Objetiva, 2017.

    Título original : Stillhet i støyens tid: Gleden ved å stenge verden ute.
    ISBN: 978-85-470-0049-3

    1. Antártida – Descobertas e explorações 2. Exploradores – Antártida
3. Relatos 4. Silêncio 5. Solidão I. Título.

17-07579   CDD-919.8904092

    Índice para catálogo sistemático:
    1. Silêncio : Antártida : Expedições : Relatos 919.8904092

[2017]
Todos os direitos desta edição reservados à
EDITORA SCHWARCZ S.A.
Praça Floriano, 19 — Sala 3001 — Cinelândia
20031-050 — Rio de Janeiro — RJ
Telefone: (21) 3993-7510
www.companhiadasletras.com.br
www.blogdacompanhia.com.br
facebook.com/editoraobjetiva
instagram.com/editora_objetiva
twitter.com/edobjetiva

I

Quando não posso caminhar, escalar ou navegar pelo mundo, aprendi a trancá-lo do lado de fora.

Foi um longo aprendizado. Somente quando percebi que tenho uma grande necessidade de silêncio eu pude começar a buscá-lo — e lá, enterrado sob a cacofonia de barulhos do trânsito e pensamentos, música e ruído de máquinas, iPhones e removedores de neve, ele estava à minha espera. O silêncio.

Há pouco tempo tentei convencer minhas três filhas de que os segredos do mundo se escondem no silêncio. Estávamos sentados na mesa da cozinha, fazendo uma refeição juntos em um domingo. É o momento da semana em que todos se sentam à mesa para conversar, um olhando para o outro. Nos outros dias a programação é intensa demais. As meninas me encararam com os olhos cheios de ceticismo. Mas o silêncio não é nada! Antes que eu pudesse explicar que o silêncio pode ser um amigo e que também é um luxo mais valioso do que as bolsas da Marc Jacobs com as quais elas sonham, a conclusão foi apresentada: as pessoas recorrem ao silêncio quando se sentem tristes. A não ser neste caso, o silêncio não vale nada.

Enquanto estávamos à mesa, me lembrei de uma curiosidade que minhas filhas tinham quando ainda eram crianças. A maneira como demonstravam curiosidade em relação ao que poderia haver por trás de uma porta fechada. O olhar quando encontravam um interruptor e me perguntavam se eu podia "abrir a luz".

Perguntas e respostas, perguntas e respostas. A curiosidade é o motor da vida. Mas as minhas filhas têm treze, dezesseis e dezenove anos e sentem cada vez menos curiosidade. Quando acontece, simplesmente pegam o smartphone e procuram a resposta. Elas ainda são curiosas, mas hoje a expressão nos rostos é menos infantil, mais adulta, e as cabeças estão mais cheias de ambições do que de perguntas. Ninguém levou adiante a conversa sobre o silêncio, então resolvi contar uma história justamente para despertá-lo:

Dois amigos meus tinham resolvido escalar o monte Everest. Num dia de manhã os dois saíram do acampamento-base para subir o lado sudoeste. Tudo deu certo. Os dois chegaram ao topo, mas nessa hora veio uma tempestade. Logo perceberam que não conseguiriam retornar vivos. Um deles ligou para a esposa grávida com o telefone via satélite. Juntos, os dois escolheram o nome da criança que ela trazia no ventre. Em seguida ele adormeceu em silêncio, praticamente no topo. O outro não contatou ninguém antes de morrer. Não se sabe ao certo o que aconteceu naquela tarde. Graças ao clima seco e frio a mais de 8 mil metros de altitude, os dois sofreram um processo de liofilização. Continuam em silêncio, mais ou menos da maneira como estavam na última vez em que os vi vinte e dois anos atrás.

A mesa ficou imediatamente em silêncio. Um dos celulares apitou ao receber uma mensagem, mas ninguém cogitou abri-la naquele momento. Preenchemos o silêncio com a nossa presença.

Pouco tempo depois fui convidado para dar uma palestra na universidade de St. Andrews, na Escócia.

O tema era livre. Em geral eu costumo falar sobre viagens radicais aos confins do mundo, mas naquele dia os meus pensamentos estavam focados na minha casa, naquela refeição com a minha família. E assim escolhi o silêncio. Me preparei bem, mas, como de costume, eu estava um pouco nervoso. Será que o lugar de apresentar pensamentos avulsos sobre o silêncio não era justamente a mesa de domingo, e não um auditório cheio de estudantes? Não que eu esperasse receber vaias nos dezoito minutos que teria para falar, mas eu queria que os alunos compreendessem meu interesse genuíno pelo tema.

Comecei a palestra pedindo um minuto de silêncio. Fez-se um silêncio sepulcral. Nos dezessete minutos seguintes, eu falei sobre *o silêncio ao nosso redor*, mas discuti também algo ainda mais importante: *o silêncio que trazemos dentro de nós*. Os alunos continuaram em silêncio. Ouvindo. Foi como se houvessem sentido falta do silêncio.

No mesmo fim de tarde eu fui a um pub com alguns alunos. As lembranças mais fortes que eu tinha da minha época como estudante na Grã-Bretanha eram da porta com vento encanado e de pessoas com um caneco de cerveja na mão.

Pessoas agradáveis e curiosas, uma atmosfera bacana, conversas interessantes. *O que é o silêncio? Onde está? Por que hoje o silêncio é mais importante do que em qualquer outra época?* Essas eram três perguntas para as quais eu desejava encontrar respostas.

Gostei muito daquela tarde, não apenas por causa da companhia agradável, mas também porque foi graças aos alunos que compreendi o quão pouco eu sabia. Mesmo ao retornar para casa, não consegui tirar essas perguntas da cabeça. Virou uma paixão. Comecei a escrever, pensar e ler, acima de tudo por interesse pessoal. Todas as noites eu passava um tempo sentado, pensando a respeito dessas três perguntas.

No fim eu tinha 33 tentativas de resposta.

II

I

Para os aventureiros, o *deslumbramento* é muito importante. É uma das alegrias mais puras que consigo imaginar. Eu gosto desse sentimento. Com frequência sinto deslumbramento, em praticamente qualquer situação: quando viajo, quando falo com outras pessoas, quando me sento para escrever e quando sinto meu coração bater ou vejo o sol nascer. A meu ver, o deslumbramento é uma das maiores forças inatas do ser humano. E também uma das capacidades mais bonitas que existem. Mas eu não sinto deslumbramento apenas como aventureiro. Com a mesma frequência eu sinto o deslumbramento de um pai ou de um editor. Eu aproveito o momento. De preferência, sem ser incomodado.

Pesquisadores podem descobrir verdades. Eu teria feito o mesmo com gosto, mas não era esse o meu caminho. Ao longo da minha vida mudei de opinião em praticamente todos os assuntos. Acima de tudo, gosto de sentir deslumbramento pelo simples deslumbramento. Para mim, esse é um fim em si mesmo. Uma pequena viagem de descoberta. Mesmo que muitas vezes também seja uma semente que leva a mais conhecimento.

Outras vezes o deslumbramento é involuntário, eu não o escolho, porém me sinto deslumbrado porque não há como evitar. Um evento passado e desagradável retorna. Um pensamento ou algo que vivi. Aquilo começa a me corroer por dentro e não consigo fugir das minhas reflexões.

Certa tarde, minha prima apareceu para jantar conosco e me deu de presente uma coletânea de poemas de Jon Fosse. Depois que ela foi embora, fui para a cama com o livro e comecei a folheá-lo. Momentos antes de apagar a luz, topei com estas palavras: "Existe um amor de que ninguém se lembra". O que ele podia querer dizer com isso? Um amor invisível, que permanece adormecido? Será que na verdade estava escrevendo sobre o silêncio? Larguei o livro e fiquei deitado pensando naquilo. Bons poetas me fazem pensar nos grandes exploradores. Ao escolher as palavras certas, põem os pensamentos em movimento na minha cabeça, mais ou menos como as histórias dos exploradores que eu lia quando pequeno. Antes de dormir, resolvi que escreveria para Fosse no dia seguinte para esclarecer melhor o assunto.

"De certa maneira é o silêncio que deve falar", respondeu Fosse, seis minutos depois de eu lhe enviar o e-mail. Era quase como se estivesse à espera da minha mensagem, o que no entanto dificilmente seria o caso, em vista do longo tempo desde o nosso último contato.

Falar é justamente o que o silêncio deve fazer. O silêncio deve falar, e você deve falar com ele para aproveitar do potencial que ali existe. "Talvez porque o silêncio traga consigo o deslumbramento, mas também porque traz uma certa majestade em si, como um mar ou uma infinita planície nevada. E quem não se deslumbra com essa majestade tem medo. Na verdade, é por isso que muitos têm medo do silêncio (e é por isso que temos música como pano de fundo em tudo, por toda parte)."

Reconheço o medo descrito por Fosse. Um medo vago de não sei bem o quê. Um medo que faz com que eu me ausente da minha própria vida. Em vez disso, eu simplesmente faço outra coisa, evito o silêncio e vivo imerso nas minhas atividades. Mando mensagens no celular, ouço música, escuto o rádio ou deixo meus pensamentos correrem soltos, em vez de aguentar um pouco mais e talvez trancar o mundo do lado de fora por um instante.

Acredito que esse medo a que Fosse se refere sem nomear é um medo de conhecer melhor a si mesmo. Quando tento evitar essa situação, há um sopro de covardia no ar.

2

A Antártida é o lugar mais silencioso em que já estive. Fui sozinho ao polo Sul, e naquele panorama infinito e monótono não havia nenhum som criado pelo homem, a não ser aqueles que eu próprio fazia. Sozinho em meio ao gelo, nas profundezas daquele enorme nada branco, eu podia tanto ouvir como sentir o silêncio.

Tudo parece branco e plano, quilômetro após quilômetro, por todo o trajeto até o horizonte enquanto você avança em direção ao sul pelo continente mais frio do mundo. Sob os pés você tem trinta milhões de quilômetros cúbicos de gelo, que empurram a superfície da Terra para baixo.

Mesmo assim, depois de um tempo sozinho comecei a perceber que nem tudo era plano. O gelo e a neve compunham pequenas formações abstratas. A brancura monótona se transformou em incontáveis nuances de branco. Um punhado de azul surgia em meio à neve, um pouco de vermelho, cinza e até mesmo rosa. Eu sentia que a natureza estava se transformando ao longo do caminho, mas eu estava errado. O ambiente era sempre o mesmo — era eu quem estava se transformando. "Em casa eu aproveito apenas os 'grandes momentos'. Aqui, aprendi a apreciar pequenas alegrias. As nuances das cores na neve. O vento que amaina. As formações das nuvens. O silêncio", escrevi no meu diário no vigésimo segundo dia.

Lembro que quando pequeno eu era fascinado pelos caracóis, que podiam levar a própria casa para onde quer que fossem. Durante a expedição pela Antártida, meu fascínio pelos caracóis ficou ainda maior. Tudo que eu precisaria em termos de comida, equipamento e combustível ao longo de toda a viagem levei em um trenó, e em nenhum momento abri a boca para falar. Fiquei de boca fechada. Eu não tinha rádio nem internet e não vi nenhum ser vivo ao longo de cinquenta dias. Tudo que eu fazia era andar em linha reta em direção ao sul. Mesmo quando ficava irritado por causa de uma presilha que arrebentava, ou quando por pouco não caía em uma rachadura no glaciar, eu não praguejava. (Berrar um

palavrão põe você para baixo, faz um humor ruim
ficar ainda pior. Por isso eu nunca praguejo durante
as expedições.)

Em casa tem sempre um carro que passa, um
telefone que toca, apita ou vibra, alguém que fala,
sussurra ou grita. No fim, os barulhos são tantos que
mal os escutamos. Lá foi completamente diferente.
A natureza falou comigo ao se mostrar como silêncio.
Quanto mais quieto eu ficava, mais eu escutava.

Toda vez que eu fazia uma parada e o vento não
estava soprando, eu me via envolto por um silêncio
ensurdecedor. Até a neve parecia estar em silêncio
quando o vento parava de soprar. Passei a perceber
cada vez mais o mundo do qual eu fazia parte. Não
me senti abatido nem perturbado. Eu estava sozinho
com as minhas ideias e os meus pensamentos.
O futuro não tinha papel nenhum, o futuro não era
motivo de preocupação: de repente eu simplesmente
estava presente na minha própria vida. O mundo
desaparece à medida que você entra nele, afirmou
o filósofo Martin Heidegger. Foi exatamente o que
aconteceu.

Eu me sentia como uma extensão daquele

ambiente. Como eu não tinha ninguém com quem falar, comecei um diálogo com a natureza. Meus pensamentos se espalharam ao longo das planícies e rumo às montanhas, despertando assim novas ideias.

No diário rumo ao sul eu escrevi que é fácil dar pouco valor a um continente que não podemos visitar, que não podemos ver e experimentar. Você precisa ir até lá, tirar fotografias e compartilhá-las para que a viagem faça sentido. "A Antártida permanece um lugar distante e desconhecido para a maioria das pessoas. Enquanto caminho, torço para que continue sendo assim. Não porque eu não gostaria que outros tivessem essa experiência, mas porque sinto que a Antártida tem uma missão como o continente desconhecido", escrevi no vigésimo sétimo dia. Ainda penso que precisamos saber que existem regiões não exploradas e que não se tornaram públicas. Que existe um continente misterioso e praticamente intocado, "que possa ser uma circunstância na fantasia". Um dos maiores valores da Antártida para a humanidade no futuro é justamente este.

O segredo para caminhar até o polo Sul é pôr um pé na frente do outro um número suficiente de vezes. Do ponto de vista técnico, parece simples. Um rato pode comer um elefante, desde que em bocados pequenos. O desafio está em querer. O maior desafio é levantar pela manhã, com uma temperatura de menos cinquenta graus Celsius. Hoje e também na época de Roald Amundsen e de Robert Scott. O segundo maior desafio? Ficar bem, estando apenas consigo mesmo.

Aos poucos o silêncio começou a me habitar. Sem nenhum contato com o mundo, isolado com meus pensamentos e minhas coisas, fui obrigado a pensar mais sobre os pensamentos que eu já tinha. E, o que foi ainda mais difícil, sobre meus sentimentos. A Antártida é o maior deserto na face da Terra, embora seja feito de água e tenha mais sol do que o sul da Califórnia. Não é um lugar propício aos que desejam se esconder. As pequenas mentiras e meias verdades que contamos na civilização parecem completamente desprovidas de sentido quando vistas de longe.

Pode parecer que percorri o caminho meditando — mas não foi nada disso. Houve momentos em que o frio e o vento me dominavam como tenazes geladas. Eu chorava de tanto frio.

O nariz e os dedos das mãos e dos pés aos poucos ficavam brancos, e então eu não os sentia mais. A dor surge quando as partes do corpo congelam, depois some. Volta por fim quando as partes do corpo descongelam. Toda a energia de que eu dispunha era empregada em me aquecer. Dói mais descongelar um corpo congelado do que deixá-lo congelar. Mais tarde no mesmo dia, quando o calor do corpo havia retornado, eu ainda tinha energia para sonhar acordado.

Os americanos construíram uma base no próprio polo Sul. Cientistas e equipes de manutenção moram ali por meses a fio, completamente isolados do mundo. Houve um ano em que noventa e nove pessoas comemoraram o Natal na base. Uma delas tinha levado noventa e nove pedras e as distribuiu como presentes de Natal, guardando uma para si. Ninguém via uma pedra havia meses. Alguns não as viam fazia mais de ano. Nada além de gelo, neve e objetos criados pelo homem. Todos ficaram parados, sentindo a pedra entre os dedos. Segurando-a na mão, sentindo o peso, sem dizer nada.

3

A caminho do polo Sul, imaginei um *homem na Lua* olhando para a Terra. Nenhum som do nosso planeta conseguia atravessar os trezentos e noventa mil quilômetros que nos separavam, mas ele podia ver nosso planeta e estava observando um ponto bem ao sul. Lá viu um rapaz de casaco azul que avançava cada vez mais em direção ao gelo, para então, no fim da tarde, montar uma barraca. No dia seguinte ele fazia tudo outra vez. O homem observava esse sujeito que caminhava sobre esquis na mesma direção, semana após semana. Deve ter pensado que eu era louco. Fiquei um pouco triste com esse pensamento enquanto eu caminhava sozinho.

Certa tarde, pouco antes de encerrar a caminhada de esqui para montar a barraca, olhei para o céu e imaginei que o homem desviava o olhar para um ponto bem mais ao norte. Lá, viu milhares — para não dizer milhões — de pessoas que, cedo pela manhã, saíam de pequenas construções a fim de passar uns minutos ou até mesmo uma hora inteira em filas. Como num filme mudo. Depois essas

pessoas chegavam a uma grande construção. Lá dentro elas passavam oito, dez ou doze horas em frente a monitores, antes de retornar pela mesma fila de volta à pequena construção. Acontecia um jantar e havia notícias na TV sempre à mesma hora, dias após dia. Ano após ano.

Ocorreu-me que a única diferença, passado um certo tempo, seria que os mais dedicados teriam uma construção um pouco maior para passar a noite. Quando tirei os esquis para montar meu acampamento, estava mais tranquilo e mais satisfeito.

4

Aprendi sobre ondas acústicas na escola. É verdade que o som é um fenômeno físico que pode ser medido em decibéis, mas não acho muito produtivo medir sons usando uma escala numérica. O silêncio se parece mais com uma ideia. Um sentimento. Um conceito. O silêncio ao seu redor pode conter muitas coisas, mas para mim o silêncio mais interessante é aquele que trago dentro de mim. Um silêncio que de certa forma eu posso criar sozinho. Por isso não busco mais o silêncio absoluto ao meu redor. O silêncio que busco é uma experiência pessoal.

Perguntei a um atacante de futebol a respeito da experiência *dele* com os sons do gramado em um estádio lotado, no momento em que ele chuta a bola em direção ao gol. Ele disse que, logo depois do chute, não ouve nada, mesmo que o nível de barulho alcance níveis estratosféricos. Depois vem a comemoração. Ele é o primeiro a saber que foi gol. No instante seguinte, é como se o estádio continuasse em silêncio. Os próximos a compreenderem que a bola passou da linha do gol são os companheiros de time, que também comemoram. Pouco depois os torcedores entendem o que aconteceu e começam a gritar, todos juntos. Tudo isso acontece em um ou dois segundos.

Claro que o barulho no campo alcança muitos decibéis o tempo inteiro.

Acredito que todos podem encontrar o silêncio dentro de si. Ele está lá o tempo inteiro, mesmo quando existem vários sons ao redor de nós. Nas profundezas do mar, sob as oscilações e as ondas, tudo parece estar em silêncio. Postar-se debaixo do chuveiro e deixar a água escorrer pela cabeça, sentar-se em frente a uma fogueira crepitante, nadar em um lago no meio da floresta ou fazer uma caminhada por uma planície são experiências que podem ser percebidas como silêncio absoluto. Eu adoro essas coisas.

Em Oslo é diferente. Eu trabalho na cidade, onde às vezes sou obrigado a criar meu próprio silêncio. Às vezes o barulho é tanto que eu aumento o volume da música, não para ficar ainda mais perturbado, mas para trancar outros barulhos do lado de fora. Pode dar certo quando escolho uma música simples que já conheço, assim não há nenhuma surpresa. A rigor, acredito que você pode encontrar o silêncio até mesmo se estiver parado ao lado da pista de um aeroporto, desde que você realmente queira. Um amigo me disse que a única situação em que ele tem certeza de que vai encontrar silêncio é quando dirige. O mais importante "não é a situação em que você se encontra, é como você reage a ela", como diz um velho provérbio norueguês — mas para mim o silêncio da natureza é o mais valioso. É nele que eu me sinto mais à vontade. Se eu não conseguisse levar minhas experiências com o silêncio para a vida na cidade, sentiria uma falta tão grande delas que precisaria voltar com mais frequência para a natureza.

No gelo do Ártico, ao norte, há barulhos constantes. O Ártico é um mar rodeado por continentes, ao contrário da Antártida, que é um continente rodeado por mares. O oceano Ártico tem três mil metros de profundidade e é coberto por uma crosta de gelo. O gelo se movimenta com as rajadas de vento e as correntes marítimas. Ele provoca estrondos ao encontrar outros elementos da natureza em meio à enorme massa branca. Lá o gelo é fino, não chega a mais do que dois centímetros em certos pontos, e cede e quebra quando você pisa nele.

* * *

Quando eu e Børge Ousland alcançamos o
polo Norte em maio de 1990, um avião espião
norte-americano por acaso voou sobre nós um dia
após nossa chegada. Os pilotos que olharam para fora
da janela, apenas para ver o polo Norte, com certeza
ficaram tão surpresos quanto nós ao descobrir que
havia mais alguém ali. Como uma gentileza para com
aqueles dois exploradores famintos, eles lançaram
um contêiner cheio de comida antes de seguir
viagem. Depois de cinquenta e oito dias em uma
temperatura de menos cinquenta e quatro graus
Celsius, a maior parte da nossa gordura corporal
já tinha sido queimada, junto com parte da massa
muscular. Para conseguir chegar ao polo, tínhamos
aumentado os dias de vinte e quatro para trinta
horas, pois assim podíamos cumprir etapas de
dezessete horas por dia. Por causa do frio e da fome,
às vezes era quase impossível dormir. Dividimos a
comida em duas partes iguais e a colocamos sobre os
isolantes térmicos que usávamos por baixo dos sacos
de dormir. Eu queria devorar tudo aquilo no mesmo
instante, mas Børge sugeriu que esperássemos um

pouco. Que admirássemos a comida em silêncio. Que contássemos em silêncio até dez, para então comer. Para demonstrar uma moderação coletiva. Para lembrarmos um ao outro de que sonhos também exigem sacrifícios. Poucas vezes na vida me senti tão rico como naquele dia. Foi estranho esperar, mas a comida teve um sabor ainda mais especial.

Não sei tricotar, mas, quando vejo alguém que sabe, penso que deve sentir um pouco da mesma paz interior que eu senti nas minhas expedições, mesmo que o ambiente a seu redor não seja tão silencioso. Não apenas quando vejo alguém tricotar, aliás, mas também quando leio, ouço música, medito, faço sexo, esquio, pratico ioga ou fico quieto sem ser perturbado. Como editor de livro, percebo que vendemos centenas de milhares de obras sobre tricotar, fazer cerveja e empilhar lenha. É como se todos nós, ou pelo menos a maioria, desejássemos retornar a um modo de vida original e autêntico — e encontrar paz. Experimentar uma alternativa discreta e silenciosa à agitação. São ocupações que acontecem devagar e levam muito tempo, que têm um certo aspecto meditativo. As chances de ser interrompido enquanto você está no porão fazendo cerveja ou sentado fazendo tricô são razoavelmente pequenas, e você pode se entregar ao que está fazendo. E justamente essa certeza, de que não vou ser interrompido, de que enfim tenho uma explicação para a minha vontade de ficar sozinho com a minha atividade, é um luxo.

Isso não é tendência nem moda passageira, mas o reflexo de uma profunda necessidade humana, acredito. Tricotar, fazer cerveja e cortar lenha são atividades parecidas entre si. Você traça um objetivo e o cumpre — não de uma vez só, mas ao longo do tempo. Usa as mãos ou o corpo e cria uma coisa nova. Ao movimentar o corpo você movimenta os pensamentos. Eu gosto quando o prazer vai do corpo para a cabeça, e não o contrário. Os resultados — a madeira que esquenta a casa, o blusão que você fez com todo o esmero — não são meramente impressos. A sua atividade cria um resultado literalmente tangível. Um resultado que pode trazer alegria imediata ou alegrias futuras para você e para outras pessoas.

5

O som não é simplesmente um som.

Em 1986, durante um passeio de barco, eu estava navegando pela costa do Chile, em meio ao sul do Pacífico, indo em direção ao cabo Horn, quando algo me lembrou disso. De manhã bem cedo, durante o meu turno solitário como vigia, entre meia-noite e quatro horas, ouvi um som que parecia ser uma respiração lenta e profunda vindo do oeste. Eu não tinha ideia do que poderia ser. Me virei em direção ao som e vi uma baleia a estibordo. A apenas alguns metros de distância. Calculei que ela devia ter mais ou menos o mesmo comprimento do barco, cerca de vinte metros. Pelo tamanho, imaginei que fosse uma baleia-comum, um mamífero cosmopolita que passa a vida inteira à caça de lagostins, krill e peixes. A baleia-azul tem aproximadamente o mesmo tamanho que a comum, mas se encontra praticamente extinta, então imaginei que minhas chances de ver o maior animal da Terra nadando ao meu lado seriam pequenas.

As velas estavam mareadas, o barco avançava

praticamente sozinho e eu não tinha mais nada a fazer senão admirar a baleia. Esbelta, cheia de curvas aerodinâmicas, mais ou menos como um torpedo, e com um dorso cinza escuro. Baleias grandes pesam via de regra três toneladas por metro de comprimento, então imaginei que o peso devia ser próximo a sessenta toneladas. A baleia nadou ao lado do barco. Em poucos minutos estávamos seguindo pelo mesmo curso, a baleia e eu.

Por mais de uma vez tornei a escutar o profundo barulho que vinha do orifício respiratório que ela tinha no dorso. Devagar, o ar entrava e saía dos pulmões, e por fim a baleia desapareceu. O mundo não foi mais o mesmo depois disso. Fiquei parado com as mãos no timão, escutando e procurando aquele dorso escuro com a barbatana, mas não tornei a vê-lo.

Quando chegamos à terra firme, três dias depois, ouvi o barulho de um aspirador de pó. Os dois ruídos tinham mais ou menos a mesma intensidade. Um deles me fazia pensar numa tarefa comum e necessária, numa coisa que faço como rotina em casa, para me livrar da poeira. O outro faz até hoje com que eu sinta alegria ao recordá-lo. Diferente, autêntico, uma força primordial. Às vezes penso naquela expressão profundamente majestosa; ainda hoje ela é uma grande inspiração para mim.

6

O silêncio pode ser entediante. Todos já viveram situações em que o silêncio parece excludente, desconfortável e por vezes assustador. Outras vezes o silêncio parece estar associado à solidão. Ou à tristeza. *O silêncio que se mantém é pesado.*

Quando não temos sobre o que falar, podemos ficar calados. Acho que garotas que têm por volta de quinze anos são o grupo de pessoas mais infeliz do mundo, então compreendi sem nenhuma dificuldade o que as minhas filhas quiseram dizer quando afirmaram que as pessoas recorrem ao silêncio quando se sentem tristes. Eu também faço isso: simplesmente me calo quando meu humor fica para baixo. Quando encontro casais que se tratam com um silêncio agressivo, procuro me afastar.

Lembro quando eu era pequeno e não conseguia pegar no sono. Eu ficava deitado no beliche do quarto, atormentado pelo silêncio. Era como ter pesadelos e ao mesmo tempo estar acordado, enquanto meus pais conversavam a meia voz. O silêncio parecia um barulho que não saía da minha cabeça. Não consigo recordar um único pensamento agradável dessas noites que passei me revirando na cama.

Mas o silêncio também pode ser um amigo. Uma força inspiradora.

> *O silêncio que cresce na grama*
> *no lado de baixo de cada folha*
> *e no espaço azul entre as pedras.*

O silêncio que se aconchega como um filhote de pássaro entre as suas mãos. É fácil reconhecer-se na experiência descrita pelo poeta Rolf Jacobsen. Sozinho no mar você escuta a água, na floresta, um córrego que murmura ou os galhos que rangem ao vento, na montanha, pequenos movimentos em meio às pedras e ao musgo. Nessas horas o silêncio é reconfortante. Eu o procuro dentro de mim. De minuto em minuto. Às vezes em meio à natureza, mas às vezes também no escritório, assim que paro por alguns instantes antes de uma reunião ou logo ao fim de uma conversa.

Trancar o mundo do lado de fora não significa dar as costas ao lugar em que você está, mas justamente o contrário: ver o mundo de uma forma um pouco mais nítida, manter-se na superfície e sentir amor pela vida.

O silêncio é reconfortante em si mesmo. É uma qualidade, uma exclusividade e um luxo. Uma chave capaz de abrir novas formas de pensar. Não vejo o silêncio como uma renúncia ou algo espiritual, mas como uma ferramenta prática para uma vida mais rica. Ou, dito de maneira um pouco mais atrevida: como uma forma de viver mais profunda do que, mais uma vez, ligar a TV para ver as notícias.

7

Ao contrário do que eu acreditava quando era mais jovem, a situação normal do cérebro é o caos.

Levei todo esse tempo para compreender isso porque muitas vezes meus dias se passam no piloto automático. Eu durmo, acordo, confiro o celular, tomo banho, como e vou para a editora. Respondo mensagens, participo de reuniões, leio e converso. As expectativas que eu e as outras pessoas temos em relação ao dia regulam a passagem do tempo até que seja hora de dormir novamente.

Mas, entre uma coisa e outra, quando saio da rotina e paro sozinho em um cômodo, sem nenhum objetivo, sem nada para ver, o caos se revela. É difícil ficar simplesmente sentado. A tentação para inventar uma ocupação qualquer é grande. O cérebro, que funciona tão bem no piloto automático, de repente não oferece mais ajuda nenhuma. Não é fácil ser passivo quando nada acontece, tudo está em silêncio e você está sozinho. Nessas horas, eu muitas vezes tento preencher o silêncio com a minha presença. Não me preocupo com praticamente mais nada.

Aos poucos compreendi que essa é justamente a razão de muitos dos meus problemas.

Claro que esse não é um pensamento pioneiro meu. O filósofo e teórico do tédio Blaise Pascal apresentou-o ainda no século XVII: "Toda a infelicidade dos homens provém de uma única fonte, a de que não sabem permanecer quietos em um cômodo". Vemos assim que o desconforto de estar sozinho e calado não surge com a TV na década de 1950, com a internet na década de 1990 ou com os smartphones em nossa época, mas já existia desde a época de Pascal.

Essas constantes novas oportunidades de pensar em outras coisas — que assumem a forma de séries de TV, tablets, celulares e jogos — são mais uma consequência do que uma causa das nossas necessidades. A inquietação que sentimos está conosco desde sempre, é um estado natural. O presente nos faz sofrer, afirmou Pascal. Nossa reação é encontrar sempre novas atividades que chamem nossa atenção e a desviem de nós mesmos.

As fontes de perturbação obviamente aumentaram de forma dramática neste século e devem continuar se ampliando. Vivemos na era do ruído. O silêncio está ameaçado.

Na Apple, Steve Jobs compreendia não apenas as vantagens, mas também os perigos da tecnologia que estava criando. Jobs agiu com coerência e determinou que seus próprios filhos teriam acesso limitado aos produtos da Apple. Eu confio mais no pai responsável Steve Jobs do que no gênio do marketing que atende pelo mesmo nome.

Segundo uma pesquisa muito citada, os seres humanos têm um poder de concentração inferior ao de um peixe dourado. Hoje em dia as pessoas perdem a concentração após oito segundos — no ano 2000, eram doze —, enquanto os peixes dourados conseguem se manter concentrados por nove. E, como sabemos, os peixes dourados estão em uma posição bastante inferior à nossa na cadeia alimentar. Aposto que os estudos sobre os peixes dourados são bastante limitados, então esses resultados devem ser encarados com um pouco de ceticismo. Mesmo assim, menciono a pesquisa pela conclusão que se oferece a nós, humanos: a cada segundo que passa está se tornando mais e mais difícil se concentrar em um único tema.

Encontramos um eco de Pascal nas anotações do escritor David Foster Wallace, um homem da mesma geração que eu:

"A bem-aventurança — o sentimento de alegria e gratidão pela dádiva de estar vivo e consciente a cada momento que passa — encontra-se no extremo oposto de um tédio esmagador, absolutamente esmagador. Preste atenção total à coisa mais aborrecida que você pode imaginar (declarações de imposto de renda, transmissões de golfe pela TV) e ondas de um tédio que você jamais sentiu vão quebrar em cima de você e praticamente matá-lo. Aguente firme...", e no fim a impressão é a de finalmente beber água após dias no deserto.

A solução para o dilema de Wallace está em aceitar essa situação e tomar uma atitude. Em funcionar bem num ambiente que exclui tudo aquilo que é vital e humano. Em respirar sem ar. "O segredo encontra-se na habilidade, nata ou condicionada, de encontrar o outro lado do caminho, o reles, o insignificante, o repetitivo, o desnecessariamente complexo. Em ser, dito de maneira simples, não aborrecível."

Parei nesta expressão — "não aborrecível".

Será que não seria o contrário? Não seria bom se as pessoas tivessem a oportunidade de se entediar um pouco? De se desconectar um pouco? De parar tudo e admirar-se com o que estão fazendo de verdade? Acredito que Wallace também estava pensando nisso. Quando ainda era menino e frequentava o primário, Wallace contou para a mãe sua grande ambição: "Quero escrever uma peça de teatro brilhante, mas que só começa depois que todo mundo, a não ser por uma pessoa, tiver ido embora porque está entediado e desistiu de assistir à apresentação". Eu gosto da ideia de que o jeito é aguentar.

Ed Ruscha
Noise, 1963

8

Hoje existe uma pesquisa sobre a veracidade do postulado de Pascal. Segundo cientistas da Universidade da Virginia e de Harvard, a maioria dos participantes de onze estudos diferentes sente desconforto ao ficar de seis a quinze minutos em uma sala sem música, sem nada para ler, sem a possibilidade de escrever e sem acesso ao celular. Simplesmente entregues aos próprios pensamentos. Os participantes tinham entre dezoito e setenta e sete anos e perfis diferentes, mas os resultados foram os mesmos independente da idade. A maioria relatou problemas de concentração durante os minutos a sós, mesmo que não tenha havido nenhum tipo de perturbação.

Um terço dos participantes que realizaram o teste em casa admitiu que não tinha conseguido levá-lo até o fim e havia desobedecido as instruções dos pesquisadores durante os minutos em que devia ficar sem fazer nada. Eu acho meio engraçado pensar em cobaias que trapaceiam.

Um grupo estava autorizado a ler ou escutar

música, mas não a manter contato com outras pessoas. Essas pessoas relataram uma satisfação maior. A maioria também afirmou que era melhor quando podiam ficar olhando por uma janela.

Os cientistas levaram a pesquisa a um passo adiante para descobrir se os participantes demonstrariam uma preferência por coisas desagradáveis, como choques elétricos, em vez de ficar mais uma vez em silêncio sem fazer nada. Todos experimentaram o choque antes de tomar a decisão, para que soubessem exatamente a que estariam se sujeitando. Era um choque doloroso. Mesmo assim, para fazer o tempo passar, metade dos participantes apertou o botão que provocava o choque.

O mais impressionante, de acordo com os pesquisadores, é que ficar quinze minutos sozinho com os próprios pensamentos era "aparentemente tão indesejável que levou muitos participantes a se submeter a um choque elétrico que anteriormente teriam pagado para evitar". Na ânsia por se livrar da sala silenciosa, um dos participantes apertou o botão que provocava o choque elétrico nada menos do que cento e noventa vezes.

Não acredito que Pascal fosse se impressionar

com o resultado. Pelo contrário. Pascal acreditava que a constante fuga de nós mesmos é uma realidade tão brutal que evitamos inclusive pensar a respeito do assunto. Em vez disso, pensamos em outras coisas. E ele estava certo. Mas será que isso quer dizer que eu e você somos loucos? Sim, eu acho que estamos ficando loucos varridos.

Ed Ruscha
Talk About Space, 1963

9

Às vezes faz sentido complicar a vida mais do que seria necessário. Não escolher simplesmente o caminho mais fácil. Tentei convencer minhas filhas de que eu queria escrever sobre o silêncio porque era mais difícil apreciar o silêncio do que apreciar o barulho, e também porque ele é importante.

O silêncio não é importante porque é melhor do que os sons, muito embora o barulho esteja com frequência associado a noções negativas como inquietação, agressão, discussões e violência. O barulho se apresenta como uma série de sons e imagens que nos distraem, e também como a fuga de nossos próprios pensamentos. Uma parte de nós se perde nesse processo. E não estou pensando apenas em como é cansativo processar todas essas impressões ao mesmo tempo. Isto é verdade, e ainda há bem mais. O barulho que assume a forma de expectativas em relação a um monitor e a um teclado é viciante, e por isso precisamos de silêncio.

Quanto mais somos perturbados, mais queremos distrações. Devia funcionar da maneira contrária, mas na maioria das vezes não é o que acontece. Você acaba entrando em um círculo vicioso de dopamina. A dopamina é uma substância química que transmite sinais de um neurônio para o outro. A dopamina, em suma, oferece tudo que você quer, procura e deseja. Não sabemos quando vamos receber um e-mail, mensagem ou outra coisa qualquer, então ficamos conferindo o telefone, quase como se ele fosse uma máquina de caça-níqueis, em uma tentativa de encontrar satisfação. Mas a dopamina não serve para dar a sensação de satisfação, mesmo que você tenha conseguido o que buscava e desejava, então você não sente satisfação alguma. Eu continuo a fazer buscas no Google, mesmo vinte minutos depois de ter encontrado o que eu procurava.

Eu sei que essa é uma situação banal, mas com frequência tenho a impressão de que é mais fácil continuar do que parar. Eu continuo a fuçar em páginas da internet mesmo que tenha acabado de fazer isso e saiba exatamente o que tem nelas. Ao mesmo tempo, eu perco um pouco do controle sobre a minha vida. É uma situação que não faz muito sentido.

A biologia tem uma explicação para a minha falta de bom senso: não fomos programados para estar satisfeitos. Um outro sistema do cérebro, o sistema opioide, é responsável pela sensação de alegria quando você consegue o que desejava. Infelizmente a dopamina é mais potente do que o opioide, e assim, mesmo que consiga tudo aquilo com o que sempre havia sonhado, você continua a fazer as mesmas coisas. Por isso a expressão *círculo vicioso de dopamina*. É mais prazeroso ter expectativas e procurar, andando em círculos, do que simplesmente apreciar o fato de que você acabou de alcançar o que queria.

Essa é uma forma de barulho que gera inquietação e sentimentos negativos. A maioria dos aplicativos tem uma coisa em comum: ninguém os usa. Até mesmo redes sociais de sucesso, como o Twitter, passam a enfrentar dificuldades depois de um tempo. Os proprietários se desesperam ao ver que a ideia da startup começou a apresentar falhas e o crescimento parou. Esse é um bom sinal. Até mesmo os fundadores começaram a duvidar de si. O problema com uma série de aplicativos de sucesso é que o serviço oferecido não somente cria dependência, mas também solidão. A ideia fundamental do Twitter e de outros aplicativos é criar uma necessidade através do uso do aplicativo — uma necessidade que o próprio aplicativo pode satisfazer, embora apenas de maneira temporária. Os criadores vivem do seu vício. "Aos poucos as ligações são cimentadas em um hábito, e um impulso interior leva os usuários a escolher justamente o seu produto", escreve o empresário Nir Eyal no livro *Hooked: How to Build Habit-Forming Products*. Compartilho, logo existo.

Parte dos usuários tem uma boa resposta ao postarem nas redes sociais, mas a maioria não encontra ninguém que dê a mínima. E quanto mais imprevisível, mais dependente se torna o usuário. Você não pode perder nada. Esse consumo prolongado não traz nenhum tipo de felicidade, e segundo Eyal provoca uma sensação de tédio, frustração, passividade e, como já foi mencionado, solidão.

Basta olhar ao redor para ter certeza de que ele tem razão. Ou, melhor ainda: olhe para mim e para você. Muita coisa gira em torno do FOMO, *Fear Of Missing Out* — o temor de perder um acontecimento qualquer ou de não acompanhar um momento importante. Eyal descreve essa sensação como a genial força motriz por trás do Instagram. Não é exagero, a ferramenta parece mesmo genial, mas o momento a que ele se refere não precisa ter nada de especial. Pelo contrário. Simplesmente não existem tantos momentos realmente especiais assim, e, como resultado, acontecimentos repetidos e banais acabam ganhando destaque.

Na primavera de 1984, eu voltei para casa ao fim de uma viagem feita em um barco de trinta e cinco pés à África Ocidental, durante a qual atravessei o Atlântico e o Caribe para depois refazer o mesmo percurso e voltar à Noruega. Passamos oito meses longe de casa. Isso foi há bastante tempo, muito antes da popularização da internet, então ficamos todo esse tempo sem notícias a respeito da Noruega. A única exceção eram as cartas ocasionais de namoradas, amigos e familiares enviadas por posta-restante aos portos que visitaríamos. Ao chegar em casa, corri para os jornais e o rádio, como eu costumava fazer antes de içarmos as velas. Fiquei surpreso ao perceber que as notícias e os debates tinham praticamente o mesmo conteúdo que eu vinha acompanhando quando partimos, no outono anterior. Os políticos falavam sobre praticamente as mesmas coisas. O grande debate quando parti e quando retornei era a dissolução do monopólio de transmissão. Até os argumentos eram os mesmos. O conteúdo das notícias também era similar, a única diferença era que ele se referia, em parte, a outras pessoas.

Quando você investe muito tempo para estar sempre disponível e a par do que acontece, é natural concluir que isso tem valor, mesmo que talvez não seja assim tão importante. É o que se chama de *racionalização*. A *New York Review of Books* afirmou que a guerra entre os criadores de aplicativos é a nova Guerra do Ópio, "na qual os mercadores passaram a usar a dependência como uma estratégia comercial explícita". A diferença é que desta vez os traficantes não chegam oferecendo coisas que você pode fumar em um cachimbo, mas aplicativos coloridos e atraentes como doces.

O silêncio é, de certa forma, o oposto de tudo isso. Trata-se de procurar os aspectos internos daquilo que você busca. De acumular experiências sem pensar demais. De deixar que cada momento seja grande o bastante. De não viver através de outras pessoas e de outras coisas. De trancar o mundo do lado de fora e criar o seu próprio silêncio enquanto você corre, prepara comida, faz sexo, estuda, conversa, trabalha, tem uma nova ideia, lê ou dança. Quem já escreveu um livro sabe uma coisa que os outros não sabem: o maior desafio não é escrever o livro em si, mas sentar-se, organizar os pensamentos e começar.

10

Tenho mais de cinquenta anos e já estive em muitos aniversários de sessenta, setenta e oitenta anos. Caso você seja mais jovem do que eu e não costume frequentar aniversários com algarismos tão elevados e redondos, posso assegurá-lo de que o ditado mais comum nesses casos, por toda a Noruega, diz o seguinte: "Todos esses dias que chegaram e passaram, eu não sabia que era isso a vida". É uma formulação muito perspicaz. Os convidados acenam em concordância e estalam os lábios ao ouvi-la. Tememos a morte em graus variados, mas tive a oportunidade de perceber que o medo de não ter vivido parece ainda maior. E esse medo parece ganhar força à medida que a vida se aproxima do fim, quando você percebe que começa a ficar tarde demais.

Cabe a você decidir se vai concordar ou não ao ouvir essas palavras. Claro que não há nada de errado em se sentar ao redor de uma mesa de festa e pensar que você jogou muito tempo fora ao longo da vida. Pensar que você não foi muito presente. Que viveu principalmente através dos outros.

O problema é que soa melancólico ter desperdiçado uma grande parte das oportunidades que você teve de levar uma vida mais rica. Ter renunciado a explorar todo o seu potencial. Ter se deixado levar pelas distrações. A palavra "distrair" originalmente significava "ser levado para longe de si". Pense nisso. É uma palavra que me lembra outra expressão com uma carga negativa ainda maior: "passatempo". Passar o tempo. Não parar, mas simplesmente deixar-se perturbar por barulhos, expectativas e imagens. Em vez de se concentrar nas coisas que você realmente gostaria de fazer e nas coisas que você poderia fazer de outra forma. Não estou dizendo que isso seja assim tão simples, mas pode valer a pena.

A rigor, em vez de ficar no salão de festas falando sobre os anos que se passaram, devíamos relembrar o estoico Sêneca no aniversário de vinte anos: "A vida é longa se você sabe o que fazer dela". Há dois mil anos, Sêneca já afirmava que a maioria das pessoas simplesmente existe, enquanto apenas uma minoria vive. "Mas a vida é demasiado curta e atribulada para os que esquecem o passado, negligenciam o presente e temem o futuro. No fim, esses coitados descobrem tarde demais que passaram o tempo inteiro ocupados em não fazer nada."

Não sei quantas vezes já ouvi que a maioria das pessoas na Europa não sofre com a pobreza material, mas com a falta de tempo. Parece uma afirmação muito convincente, mas não me parece muito correta. O tempo é suficiente e a vida é longa o bastante se nos escutamos com frequência e olhamos além.

II

Tarde da noite, em dezembro de 2010, eu e
o aventureiro urbano Steve Duncan escalamos a
Williamsburg Bridge, a ponte que liga Manhattan,
o Queens e o Brooklyn, até o topo. Atravessamos
Nova York, da 242 Street com a Broadway, no Bronx,
em direção ao Harlem, de onde seguiríamos para
Manhattan em direção ao Atlântico, atravessando o
misterioso sistema de túneis que se esconde debaixo
da cidade.

Já no alto da ponte, olhando para o leste, em
direção ao Queens e ao Brooklyn até Coney Island,
notei a presença do sol sob o horizonte do Atlântico.
Tínhamos feito a escalada no escuro. No alto da
ponte vimos que a cidade era iluminada pelo sol
que estava no ocidente, mesmo que ele ainda se
encontrasse abaixo da linha do horizonte. Minutos
depois os raios de luz atingiram a parte mais alta da
ponte, onde estávamos, em seguida as construções
mais abaixo e, por fim, começaram a aquecer toda
a cidade.

Eu não ouvia nada. Abaixo de mim os carros

se deslocavam em quatro pistas e o metrô ribombava a intervalos regulares, quando saía do núcleo da cidade ou chegava até ele. Eu estava tomado pelo que via e tranquei os barulhos do lado de fora. Você não pode esperar que o mundo faça silêncio. Nem em Nova York nem em outros lugares. Você precisa criar o seu próprio silêncio.

No extremo oposto da cidade, no lugar em que o sol nunca brilha, eu e Steve encontramos um outro mundo. A estrutura arquitetônica dos túneis debaixo da superfície é um organismo vivo que reflete a vida da cidade acima do asfalto: constroem-se e expandem-se túneis, alteram-se rotas, lançam-se as fundações de novas construções, ligam-se antigos sistemas de encanamento aos novos, e assim o panorama subterrâneo se transforma sem que ninguém perceba. O resultado é um mundo ignorado não apenas pelos moradores da cidade, mas também pelo Google Earth. Se Manhattan fosse virada de cabeça para baixo, a ilha pareceria um terreno selvagem criado pelo homem. Um terreno selvagem que tem por único objetivo a funcionalidade, e não a estética, mas que assim mesmo tem uma beleza própria, uma beleza negativa, que surge em função de tudo que não está ali. Não existe ar puro, as cores se resumem a tons de cinza e marrom, jamais se faz um segundo de silêncio e você mal enxerga o que está à sua frente. É justamente nisso que se encontra a beleza — mesmo que nem sempre seja fácil percebê-la.

Afinal, sabemos que Nova York não dorme. A história da cidade sempre esteve ligada a ganhar dinheiro, e esse é o tipo de coisa que faz barulho. Nos túneis dos trens, dos metrôs e da rede de encanamento há barulho constante. Nem mesmo nos esgotos sob o Soho existe silêncio. Mesmo longe, ouvíamos o rumor das ruas acima de nós. As rodas dos carros que passavam pelas tampas dos bueiros e em seguida o rangido no metal. Um metrô que avança a toda velocidade rumo à estação em um túnel próximo.

Naquelas poucas horas do nosso passeio de cinco dias, pudemos vivenciar todo o ciclo da civilização. Na superfície, compras frenéticas de Natal, preparativos extravagantes e restaurantes lotados de clientes famintos e sedentos. Na mesma tarde, quando mais uma vez desaparecemos sob o asfalto, pudemos observar os resíduos da civilização sob a forma de excremento, abandono e uma ou outra camisinha misturada ao lixo. O sistema de esgoto de Nova York quase não depende de bombas. A gravidade é responsável por fazer com que a água se ponha em movimento, sempre em ritmo constante, acompanhado por um discreto murmúrio entre as nossas pernas.

Ainda menino, li uma história sobre moradoras do Bronx e do Harlem que trabalhavam nos centros comerciais exclusivos mais ao sul e chegavam ao trabalho muito antes de o expediente começar para ir à seção de livros.

Lá, podiam se sentar e ler as obras que não tinham dinheiro para comprar, e ao mesmo tempo aproveitar uma existência silenciosa até que o expediente começasse. Eu gostei da história e imaginei essas mulheres afundadas em sofás macios, cada uma com um livro na mão, antes do horário de abertura. Talvez fosse uma história verdadeira. Neste caso, essas mulheres devem ter sido muito felizes nos instantes que tinham para ler em silêncio.

Às seis horas da manhã, na parte baixa da Greene Street, eu e Steve nos sentamos em uma escada para descansar, cobertos de merda após nossa tentativa de atravessar o sistema de esgoto sob a Canal Street. Um pouco mais adiante, no estacionamento do outro lado da rua, vi uma árvore solitária que se espremia contra a fachada de uma casa abandonada. No clássico *Here is New York*, E. B. White descreveu a existência na cidade como "uma vida difícil, um crescimento apesar de todas as dificuldades, um acúmulo de seiva em meio ao concreto e uma constante busca pelo sol". Ele se referia aos habitantes de Nova York, mas poderia muito bem estar descrevendo as árvores da cidade. O que a árvore estava fazendo naquele lugar? Como tinha conseguido sobreviver às estações com folhas, botões, flores, casca, musgos, galhos e pequenos animais? Um dos grandes mistérios do mundo é a maneira como a beleza orgânica brota em silêncio do chão. Justamente naquele lugar, em uns poucos centímetros quadrados livres de asfalto e cobertos por terra, a situação era ainda mais fascinante. A árvore parecia ser um símbolo silencioso para muito do que tínhamos visto pelo caminho. Quase senti vontade de me aproximar e abraçá-la.

Uma enorme alegria tomou conta de mim quando eu estava no alto da Williamsburg Bridge e o sol se ergueu do Atlântico para iluminar toda a cidade. Se eu fosse eleito presidente, faria um discurso de posse solicitando a todos que se sentissem gratos toda vez que o sol nasce e que demonstrassem gratidão por tudo que ele faz por nós.

Mas com a luz do sol havia uma chance maior de a polícia nos descobrir. Naturalmente é impossível obter permissão para fazer uma viagem dessas, então precisaríamos descer logo. Steve, mais experiente do que eu, me lembrou de que o passeio teria chegado ao fim quando não houvesse mais tráfego na ponte e tudo estivesse em silêncio. Nessa hora a polícia já teria fechado a ponte e estaria em nosso encalço.

12

Todo mundo fica entediado de vez em quando. Claro.

O tédio pode ser descrito como uma ausência de sentido. Porque o tédio sempre provoca uma sensação de estar preso, de acordo com o filósofo Lars Fr. H. Svendsen. Seja numa situação específica ou de forma mais genérica. Eu me reconheço nessa descrição. Quando era pequeno e esperava que uma coisa qualquer acontecesse, eu me entediava de uma forma que chegava quase a doer. Minha mãe dizia que se entediar era saudável. Hoje eu entendo o que ela queria dizer. Agora vejo que minhas filhas se entediam de maneira terrível, presas em si mesmas numa situação que beira o desespero quando nada acontece. Eu aprendi com a minha mãe — que estava certa —, e acho que seria melhor para as minhas filhas se entediarem com mais frequência.

Eu já não me entedio como antes. É mais fácil inventar o que fazer quando se é adulto. Se você está entediado, pode simplesmente falar com a pessoa que está sentada ao seu lado no metrô. Já experimentei e sei que funciona. Mas nem sempre tenho energia para isso pela manhã.

Quando me esqueço de pegar alguma coisa para ler e me vejo preso em uma poltrona apertada de avião sem um único filme que valha a pena assistir, ou quando espero uma pessoa que não chega nunca para uma reunião, às vezes tenho a mesma sensação que eu tinha quando menino. O que sentimos nessas ocasiões é uma *pobreza de experiências*.

Mas essa pobreza não se resume a uma ausência de experiências, ao fato de que nada acontece. Um *excesso* de experiências também pode resultar em pobreza de experiências. E essa última observação é o que interessa para nós. É possível viver coisas em excesso. De acordo com Svendsen, o problema é que somos bombardeados por "experiências cada vez mais intensas", em lugar de tomarmos fôlego de vez em quando, trancarmos o mundo do lado de fora e usarmos nosso tempo para criar nossas próprias experiências. É ingênua a ideia de evitar o tédio fazendo sempre coisas novas, estando sempre acessível, enviando mensagens, digitando sem parar e vendo coisas que você não tinha visto antes.

* * *

Quanto mais você age dessa forma para não se entediar, mais se entedia.

Eu mesmo já sofri com isso, então sei do que estou falando. E essas coisas podem se tornar rotina. Hoje eu vejo as minhas filhas agindo da mesma forma. Estar ocupado logo se transforma num fim em si mesmo. Em vez disso, o melhor seria deixar que essa mesma inquietação nos incitasse.

Mas nem sempre é fácil saber onde está a linha que separa a ausência de sentido que gera tédio e a presença de sentido que gera alegria. Essas linhas não são fixas. Uma atividade que num dia parece absoluta perda de tempo, como jogar alguma coisa ou assistir a um documentário, pode oferecer um descanso merecido e talvez repleto de alegria no dia seguinte. De qualquer maneira, vale a pena pensar sobre o que dá sentido às nossas vidas e o que nos traz alegria. Seria interessante saber para a próxima vez em que o tédio der as caras.

13

Hoje, como antigamente, o luxo está relacionado a um status e a uma alegria disponíveis para poucos.

Se o rei Luís XVI conseguisse de volta a cabeça que perdeu na Revolução Francesa, sem dúvida ficaria roxo de inveja ao ver o seu smartphone. Mas só até perceber que quase todo mundo tem um.

O luxo é um bem desnecessário e escasso — ou pelo menos um bem que um número suficiente de pessoas considera escasso.

Como o mercado de luxo está crescendo e o luxo passou a ser praticamente uma propriedade coletiva, ele passou também a ser percebido como popular e quase entediante. O que há de exclusivo numa determinada bolsa desaparece quando muita gente a possui. Você pode comprar uma bolsa nova, mas, por mais bonita que ela seja, você vai ser vencido por outros compradores de bolsas que têm bolsas ainda mais bonitas.

Parte das pessoas mais ricas do mundo leva vidas bastante moderadas do ponto de vista material, enquanto outras vivem cercadas de luxo. De acordo com a minha experiência, pessoas que nadam em luxo sabem de uma coisa que as outras não sabem: o luxo só tem alegrias efêmeras a oferecer.

Na minha opinião, o silêncio é o novo luxo. O silêncio tem uma qualidade que é mais exclusiva e mais duradoura do que qualquer outro luxo. Um ano depois de ter conversado com as minhas filhas a respeito do silêncio, eu voltei a tocar no assunto. Duas responderam com o silêncio, enquanto a terceira, para minha alegria, me deu uma resposta durante as férias de verão: o silêncio é a única necessidade que as pessoas sempre em busca de novidade não conseguem satisfazer.

O problema é que uma coisa tão simples e tão prosaica quanto o silêncio não se encaixa no mercado de luxo, então o silêncio torna-se um luxo subvalorizado. A ideia fundamental desse mercado é oferecer um número cada vez maior de coisas. Um acúmulo. A dopamina no cérebro dos clientes faz com que desejem sempre mais. O silêncio, por outro lado, consiste em uma *renúncia*, em abrir mão.

Além do mais, o silêncio é uma experiência que não precisa custar nada. Tampouco precisa ser trocado por outros artigos de luxo na estação seguinte.

Assim, a chance de o mercado de luxo apostar no silêncio, em vez de apresentar protetores de ouvido cada vez mais sofisticados e anúncios com pessoas que aparecem carregando uma bolsa em lugares desertos e hotéis que privilegiam a tranquilidade, parece bastante pequena. Esses empresários são como a maioria dos outros empresários: desejam crescer.

Outra forma de luxo é não estar sempre acessível. Afastar-se do barulho cotidiano é um privilégio. Deixar que os outros assumam suas tarefas diárias na sua ausência. Não responder mensagens e não atender ao telefone. As expectativas dos colegas, dos contatos profissionais e dos familiares menos importantes para você são assim deixadas a cargo de outras pessoas. Você conquistou uma posição que lhe permite estar se lixando para quando as pessoas querem falar com você.

O silêncio também pode marcar uma diferença de classe social. O ruído feito pelos outros, o *ruído de segunda mão*, estabelece uma diferença clara na sociedade. Pessoas com salários baixos trabalham via de regra em locais mais barulhentos do que as pessoas com salários altos, e as casas e apartamentos onde eles moram têm pior isolamento acústico. Os bem de vida moram em lugares com menos barulho e ar mais puro, e seus carros também fazem menos barulho, assim como suas máquinas de lavar roupa. Essas pessoas têm mais tempo livre e comem comidas menos processadas e mais saudáveis. O silêncio passou a fazer parte da disparidade que permite a certas pessoas viver uma vida mais longa, mais saudável e mais rica do que a maioria.

Acredito que, em geral, pouca gente de fato consegue evitar completamente o ruído. Claro que aprendemos a conviver com ele, pois acreditamos que é preciso, mas o barulho é e vai continuar sendo uma inquietação que reduz nossa qualidade de vida. O que vale não apenas para as pessoas, claro, mas também para os animais. Eu gosto muito de acordar com o canto dos pássaros, e existem pesquisas sobre como os pássaros estão reagindo aos barulhos cada vez mais altos nos bairros urbanizados. A conclusão é que seu canto está passando por uma transformação. As notas mais baixas estão sendo substituídas por notas mais altas, para que assim possam fazer frente aos barulhos criados pelo homem. Uma consequência desse canto adaptado é que está cada vez mais difícil encontrar um parceiro de acasalamento. Em razão disso, os pássaros vêm colocando menos ovos. Esse desdobramento é muito recente, então os pesquisadores ainda não sabem se é uma mudança evolutiva. A explicação é mais simples: pássaros que vivem em ambientes urbanos sentem-se nervosos em função do panorama acústico. Homens e pássaros são criaturas um tanto diferentes, mas eu reconheço essa insegurança. O silêncio é um luxo para todos.

14

Certa vez, em um verão, viajei dezoito horas de Oslo ao Sri Lanka para descansar, comer de forma saudável e praticar ioga em um ambiente bonito e repleto de verde. Foi mágico. Ao mesmo tempo, me pareceu um pouco estranho atravessar o mundo para descansar.

Há quem crie as condições necessárias ao silêncio em quartos ou construções inteiras à prova de som. Em Jutlândia, na Dinamarca, existe uma câmara de silêncio com portas duplas que ficam a trinta centímetros uma da outra para manter os barulhos do lado de fora. Dezenas de pessoas se reúnem regularmente nessa sala. Todos passam cinquenta minutos sentados em almofadas, quietos como ratos. Só quebram o silêncio tosses e outros barulhos ocasionais inevitáveis. A intenção é lembrar os participantes de que a vida está relacionada a um profundo amor pelo próximo e assim treinar a empatia mútua.

Os centros de silêncio tornaram-se uma indústria cada vez maior e começaram a ser construídos praticamente em toda parte. No fim do Sunset Boulevard, em Los Angeles, se encontra o Lake Shrine, um templo que promete "o silêncio da solidão". Eu estive lá depois de atravessar a cidade inteira, desde a região das gangues, no leste, até o mar. Levamos quatro dias caminhando sem pressa. Em Los Angeles todo mundo anda de carro, mas nós queríamos ter a perspectiva das calçadas. No meio do caminho fomos parados pela polícia, que considerou suspeito o fato de estarmos caminhando, e não dentro de um carro. O policial achava que apenas bandidos, viciados em drogas e loucos se locomoviam a pé naquela cidade. Depois de longas caminhadas pelas calçadas empoeiradas não foi difícil encontrar tranquilidade no centro, onde nos deparamos com um lago agradável, carpas ornamentais, flores bonitas e silêncio. Depois tomamos um banho no Atlântico, a cinco minutos de distância, e lá também encontramos silêncio. Quando faço passeios em meio à natureza da Noruega ou do Himalaia, longe de estradas e prédios, também me deparo com instalações construídas para que os visitantes possam aproveitar o silêncio. Ao se afastar um pouco, o silêncio é ainda maior.

Criar as condições necessárias para o silêncio pode ser uma empreitada digna, mas é trabalhoso pegar o carro para chegar a um lugar onde encontrar sossego, fazer ioga e dar um passeio, ou então pegar um avião para descansar em um retiro. As melhores coisas da vida com frequência são grátis. Você pode encontrar o silêncio que tenho em mente onde estiver, sempre que for conveniente, porque ele está dentro da sua cabeça e não custa nada. Você não precisa ir ao Sri Lanka — pode aproveitar o silêncio dentro da sua banheira.

Eu encontro um pouco de silêncio quando passo cinco minutos a mais na cama, pelo menos desde que as minhas filhas têm idade suficiente para acordarem sozinhas. Ou então pela manhã, a caminho do trabalho. Nessas horas posso escolher entre pegar o carro e dirigir por doze minutos, passar quinze minutos no metrô ou caminhar durante meia hora. No carro eu consigo relaxar, mas ao mesmo tempo preciso estar atento ao tráfego e, além disso, fico ouvindo rádio. O metrô significa que preciso me apressar para chegar à estação na hora certa, sabendo que os vagões devem estar cheios e que quando eu chegar à minha estação todos os passageiros vão descer ao mesmo tempo. É meio cansativo. Como se não bastasse, para mim é uma experiência que não tem nada de especial, e às vezes o metrô atrasa, o que me deixa nervoso. Por isso eu sempre vou a pé quando o tempo permite. Tudo que não vejo do metrô ou do carro passa a fazer parte do meu dia. São rostos que posso admirar enquanto caminho, roupas que variam de acordo com o clima, vitrines de cafés e lojas, diferentes tipos de asfalto e até paralelepípedos cuidadosamente arranjados no chão para enfeitar a cidade. Claro que não tenho grandes vivências no caminho para o trabalho, mas sempre encontro essas pequenas coisas. Não levo mais do que meia hora percorrendo o trajeto entre os dois endereços onde passo boa parte da minha vida, mas durante esse tempo eu consigo trancar o mundo do lado de fora.

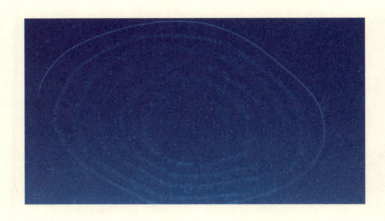

Doug Aitken
Modern Soul, 2016

15

O silêncio tem a ver com redescobrir as alegrias da vida quando paramos um pouco.

Quando olho para as minhas filhas, noto que elas quase nunca param. Estão sempre acessíveis e praticamente o tempo todo ocupadas. "Todos são o outro e ninguém é si mesmo", escreveu o filósofo Martin Heidegger. Elas passam o tempo inteiro sentadas atrás de monitores — sozinhas ou acompanhadas. Eu faço a mesma coisa. Desapareço atrás do meu smartphone, me transformo em escravo do meu tablet — como consumidor e por vezes como produtor. Com o tablet eu me vejo o tempo inteiro perturbado por perturbações causadas por outras perturbações. Exploro um mundo que tem pouco a ver comigo. Tento ser eficiente, até compreender que não consigo avançar, independente do quão eficiente eu me torne. É mais ou menos como procurar o caminho em meio à névoa da montanha sem uma bússola e terminar andando em círculos. O objetivo é estar ocupado e ser eficiente, e não outra coisa. Uma imbecilidade.

* * *

É fácil pensar que o mais importante, a essência da tecnologia, é justamente o aspecto tecnológico, mas essa é uma concepção equivocada. A essência somos eu e você. A questão é saber como somos transformados pela tecnologia que usamos, o que pretendemos aprender, qual é a nossa relação com a natureza, com as pessoas que amamos, com o tempo que investimos, com a energia que aplicamos e com a liberdade da qual abrimos mão em nome da tecnologia. É fato que as distâncias se tornaram bem mais curtas com a tecnologia, como tanta gente afirma, mas isso é um fato banal. O que realmente importa, como Heidegger apontou, é que a proximidade desaparece. Para atingir a proximidade, segundo esse filósofo, precisamos estabelecer uma relação com a verdade, não com a tecnologia. Tendo experimentado sites de namoro, sinto-me inclinado a concordar com Heidegger.

Claro que Heidegger não teria como prever o que a tecnologia tornou possível na nossa época. Ele conheceu apenas carros com motores de cinquenta cavalos, projetores de filme e máquinas de cartão perfurado, que estavam em alta naquela época. Não tinha como imaginar o que estava por vir.

Heidegger afirmou que chegaríamos a abdicar de nossa própria liberdade na ânsia pelas novas tecnologias. Deixaríamos de ser pessoas livres para nos transformar em recursos. Esse postulado é mais correto hoje do que na época em que foi formulado. E infelizmente não nos transformamos em recursos uns para os outros, mas para fins menos interessantes. Hoje somos recursos para organizações como Apple, Facebook, Instagram, Google, Snapchat e também para o governo, que pode mapear praticamente qualquer coisa a nosso respeito com nossa ajuda voluntária, para então vender esses dados ou usá-los para outros fins. É uma forma de exploração.

A questão passa a ser a mesma que Humpty Dumpty faz para Alice — aquela do País das Maravilhas: "A questão é saber quem manda — nada mais". Você ou uma pessoa que você não conhece.

Sim, nós somos criaturas sociais. Por isso, estar acessível é bom. Não funcionamos sozinhos. Mas é importante desligar o telefone, ficar um pouco sentado sem dizer nada, fechar os olhos, respirar fundo dez vezes e pensar em outras coisas além daquelas em que você geralmente pensa.

A alternativa é não pensar em nada. Você pode chamar isso de meditação, ioga, concentração ou simplesmente de bom senso. É uma coisa boa. Eu gosto de meditar e de praticar ioga. Além disso, aprendi algo próximo dessas coisas todas — a hipnose — e me auto-hipnotizo por vinte minutos para relaxar. Também funciona bem. Eu me deito e sinto com se estivesse flutuando uns centímetros acima da cama todas as manhãs.

Tudo isso pode ser muito enriquecedor, mas também estou falando do tipo de silêncio que você pode obter sem nenhuma técnica especial. Assim, as exigências para encontrar o silêncio e o equilíbrio tornam-se bem menores. Você não precisa de um curso de silêncio ou de relaxamento para descansar um pouco. O silêncio pode surgir em qualquer lugar, a qualquer momento, bem debaixo do seu nariz. Eu o crio sozinho enquanto subo uma escada, preparo comida ou simplesmente me concentro na minha respiração. Somos todos partes de um mesmo continente, mas precisamos levar sempre conosco o incrível potencial de ser uma ilha.

16

Como se deve viver a vida? Bem, essa é a grande questão. Antigamente, os grandes filósofos, e também os filósofos não tão grandes assim, procuravam responder a essa pergunta. Essas tentativas resultaram em teorias abrangentes e em uma quantidade enorme de livros. Hoje em dia a maior parte dos filósofos se dedica à política, à linguagem e a outros tipos de análise. Praticamente nenhum se ocupa com o silêncio e com o que o silêncio pode fazer por mim e por você. Muitos filósofos me disseram, como as minhas filhas, que o silêncio não é nada e portanto é desinteressante. Acho uma pena. Por outro lado, pouquíssimos filósofos sabem preparar um bolo — muitos deles estão afastados demais dos desafios do dia a dia, não apenas do que há de grande, mas também do que há de pequeno.

No primeiro ano do curso de filosofia você aprende que o nada surge do nada — *ex nihilo, nihil fit*. O que essa doutrina tem de antiga tem também de correta — o filósofo Parmênides afirmou que não é possível falar sobre o que não existe, e assim, para a

tristeza de muitos, contradisse a própria doutrina —,
mas acho que neste caso a conclusão se deve a um
pequeno mal-entendido.

Afinal, o silêncio não é o mesmo que nada. Seria
mais correto dizer que tem origem em outra coisa.

Por mais de um milênio, pessoas viveram
sozinhas, muito próximas de si mesmas, como
monges nas montanhas, eremitas, exploradores
marítimos, pastores de ovelhas e descobridores que
voltavam para casa, foram todas convencidas de
que as respostas para os mistérios da vida podem
ser encontradas no silêncio. A questão é essa. Você
atravessa o oceano e, ao retornar, talvez encontre
o que procurava dentro de você mesmo.

Quando se atribui valor a algo por todo esse
tempo, deve haver boas razões para levá-lo a sério.
Jesus e Buda recorreram ao silêncio para entender
como deveriam conduzir a própria vida. Jesus no
deserto e Buda na montanha à beira do rio. Jesus se
apresentou perante Deus em silêncio. O rio ensinou
Buda a escutar, a ouvir com o coração em silêncio,
com a mente aberta e receptiva.

Em certas religiões, os deuses se apresentam como trovões e tempestades. Na Bíblia, muitas vezes Deus é o silêncio. O Primeiro Livro dos Reis conta a história de como Deus se mostrou a Elias. Primeiro veio um furacão, depois um terremoto, depois um incêndio. Deus não estava presente em nenhum deles. Chegou apenas depois, como um discreto farfalhar. Eu gosto disso. Deus está no silêncio.

Uma anedota bastante conhecida da filosofia hindu, que poderia muito bem vir do budismo, conta a história de um discípulo que pergunta ao mestre se ele poderia explicar o que é Brahman, a alma do mundo. O mestre permanece em silêncio depois de ouvir a pergunta. O discípulo pergunta mais duas ou três vezes, sem ouvir nenhuma palavra em resposta. Por fim, o mestre abre a boca e diz: "Eu estou respondendo, mas você não me acompanha". A resposta era naturalmente o silêncio.

Um dos conceitos mais importantes do zen-budismo diz respeito a questionar o que você vê, a questionar o mundo das aparências. O exercício mais conhecido, um koan, consiste em se sentar em silêncio e pensar no barulho de uma única mão que bate palmas. O objetivo é imaginar as palmas executadas por essa mão solitária — uma coisa impossível — e assim pensar sobre o que significa movimentar-se além da lógica e da razão. Um outro koan caseiro que talvez valha a pena experimentar é o seguinte: um silêncio sem que existam palavras. Ou tente pensar em uma coisa que não existe.

Os antigos filósofos Aristóteles e Platão falaram sobre o conhecimento a respeito da eternidade, e também da verdade, como um conhecimento que prescinde das palavras. Platão chamou-o de *arrhèton*, que significa "o inominável", e Aristóteles, de *aneu logou*, que significa "sem articulação" ou "sem palavras". No ponto em que o vocabulário acaba, esses dois conceitos se abrem para a possibilidade de compreensão imediata das grandes verdades.

Não apenas das grandes, mas também das pequenas verdades. Quando você pega o caminho errado ao dirigir, para e confere o GPS, abaixa o volume da música e pede às outras pessoas no carro que façam um pouco de silêncio para que você consiga pensar de forma clara. Para que você consiga organizar os pensamentos relacionados à única coisa

93

que importa naquele momento exato: encontrar o caminho certo.

17

O céu estrelado "é o amigo mais fiel que há
nesta vida, depois que você o conhece; sempre
está lá, sempre traz conforto, sempre o lembra de
que a inquietação, a dúvida e a dor são bobagens
passageiras. O universo é e há de permanecer
impassível. Nossas opiniões, batalhas e sofrimentos
não são tão importantes e tão extraordinários,
apesar de tudo". A maioria das pessoas que passam
muito tempo em meio à natureza concorda com os
pensamentos de Fridtjof Nansen a respeito das coisas
que você pode descobrir em uma noite escura. Não
apenas em meio à natureza, claro. Segundo o filósofo
Immanuel Kant, o céu estrelado acima de mim e a
lei moral dentro de mim são os dois grandes pilares.
Os olhos que veem não se veem a si mesmos, mas
você pode fazer isso graças às estrelas. O que você vê
depende de quem você é.

Sendo norueguês, estou acostumado a ver o
céu noturno sem a perturbação das luzes criadas
pelo homem. As estrelas desaparecem quando a
iluminação pública se coloca entre você e as estrelas.

Às vezes as pessoas esquecem como, em muitas partes do mundo, esse silêncio visual é um espetáculo raro. Um luxo. O que também é uma pena. Olhar para o céu estrelado é um dos gestos mais abnegados de que sou capaz. Lembrar-se do *mundo* que se estende para muito além do nosso próprio ambiente, um segredo conhecido por Nansen: o lugar que ocupamos no mundo.

Pouco antes de morrer, o neurocientista Oliver Sacks escreveu sobre como havia deixado de lado "o problema difícil", que era "compreender de que maneira o cérebro instaura a consciência", junto com outras grandes ambições, para simplesmente olhar para o céu estrelado e admirá-lo. "Vi um céu inteiro 'polvilhado de estrelas' (nas palavras de Milton): um céu como o que, segundo eu imaginava, poderia ser visto apenas em platôs altos e secos, como os do deserto do Atacama, no Chile (onde se encontram alguns dos telescópios mais poderosos do mundo). Foi esse esplendor celestial que de repente me fez perceber quão pouco tempo, quão pouca vida me restava. Meus sentimentos em relação à beleza do céu, à eternidade, estavam indissociavelmente ligados a sentimentos de transitoriedade — e de morte." Sacks já estava tão fraco que não conseguia mais andar e precisou ser empurrado por amigos em uma cadeira de rodas. No final da vida, começou a se cercar de metais e minerais, que funcionavam como "pequenos emblemas da eternidade". Sacks tinha feito o mesmo quando era menino.

Como sabemos, temos a capacidade de nos reconhecer nos outros. Quando leio Sacks, sinto que ele, assim como Nansen, olhou para dentro de si em silêncio e redescobriu coisas esquecidas. Naquele universo que para mim é tão misterioso quanto o espaço sideral que nos rodeia. Um se estende infinitamente para fora, o outro se estende infinitamente para dentro.

Afinal, "o cérebro é maior que o céu", como a poeta Emily Dickinson escreveu em um belo comentário sobre nossa infinitude.

18

Eu gosto de pensar que as vivências relacionadas ao silêncio são um fim em si mesmas. Que essas vivências têm valor próprio e não se deixam pesar nem medir como tantas outras coisas — mas o silêncio também pode ser uma *ferramenta*.

"Hahahahahaha" foi a resposta do multiempresário Elon Musk quando lhe perguntei a respeito do silêncio. Mas, depois de pensar um pouco mais, ele concluiu que de fato é uma pessoa que se concentra no silêncio interior e muitas vezes tranca o mundo do lado de fora para liberar os pensamentos. Musk fez isso durante a vida inteira. Na infância e na adolescência, apanhou muito dentro e fora da escola. Como tinha poucos amigos, sobrava tempo para ficar pensando.

Quando lhe perguntei sobre as ideias que ele ainda não tivera oportunidade de realizar, ficou claro que ele não dá ouvidos a consultores e outros especialistas, mas recorre a um lugar silencioso que traz dentro de si. Não basta revolucionar a indústria de automóveis, a de energia e a espacial. Novos campos de estudo também precisam ser virados do avesso. Trata-se de um desenvolvimento em pleno curso que, segundo acredito, só chegará ao fim no dia em que Musk, em vez de se trancar com seus pensamentos, resolver seguir as tendências.

Musk sabe muito bem aproveitar aquilo que se costuma chamar de *primeiro princípio*: em vez de confiar em verdades aceitas, ele inventa coisas que são fundamentalmente verdadeiras, para então, a partir disso, começar um raciocínio. Musk simplesmente desliga o mundo. Este é o exato oposto do que as pessoas em geral fazem: primeiro descobrir se o que pretendem fazer é possível para então tomar as providências adequadas.

Os pesquisadores da Nasa sempre tiveram certeza de que foguetes espaciais podiam ser usados uma única vez, e essa verdade excessivamente cara sobrevivia desde o início da agência espacial. Foi assim até que Musk aparecesse e dissesse que não existia razão que o impedisse de construir um foguete capaz de fazer várias viagens ao espaço e, passado um tempo, a Marte. O custo diminuiria e a segurança aumentaria.

Muitas vezes acho difícil trancar o mundo do lado

de fora durante um dia agitado. Quando perguntei a Mark Juncosa, um dos cérebros por trás do programa espacial de Musk, em que momento ele concebe as ideias que vão revolucionar a indústria de foguetes espaciais, ele respondeu: "Em um dia normal de trabalho, eu tenho umas oito horas de reuniões e preciso de mais outras horas para responder meus e-mails. Não me sobra tempo algum. A única hora em que posso trancar o mundo do lado de fora é quando estou me exercitando, surfando, tomando banho ou usando o banheiro. É nessas horas que muitas soluções aparecem".

Sei bem como é deixar-se guiar pelo primeiro princípio. Faz vinte anos que comecei meu próprio negócio — uma editora. Eu morava em Cambridge, minha namorada grávida morava em Oslo e eu achei que estava na hora de voltar para casa, trabalhar e, se tudo desse certo, conseguir dinheiro para comprar uma boa casa para a minha família.

Já de volta à Noruega, enquanto eu lavava a louça, tomei a decisão de fundar uma editora. O mercado editorial era dominado por uma verdade sempre repetida, que poucos se dispunham a questionar. Livros de boa qualidade deviam ser vendidos por livreiros e clubes de leitura a preços altos; a literatura de entretenimento teria o monopólio nas estantes de lojas de conveniência. E pronto. Eu não entendia por que as coisas deviam ser assim. Muita gente me deu bons conselhos, e eu agradeço. Mas quando pensei em tudo para enfim tomar minha decisão, eu estava tranquilo na cozinha de casa.

Outra verdade amplamente aceita é que você *precisa* estar disposto a correr riscos para começar um negócio. Felizmente, essa é mais uma concepção equivocada. Quando comecei meu negócio, me diziam sempre que escritores conhecidos não teriam interesse em lançar seus livros por uma editora recém-fundada. Insistiam que a cultura editorial fora construída entre as paredes dos meus concorrentes, que estavam no ramo havia mais de um século, e que isso simplesmente não estava no nosso sangue. Bem, eu achava mais importante que a cultura estivesse na cabeça dos meus colegas.

Não sou ingênuo a ponto de me comparar a Elon Musk, mas, quando recordo essa época, penso que a única coisa que fiz de incomum, e de forma bem mais modesta do que Musk, foi lavar tranquilamente a louça e questionar certas verdades amplamente aceitas e sempre repetidas.

19

"Sobre aquilo que não se pode falar, deve-se calar" é a frase que encerra o *Tractatus Logico-Philosophicus* de Ludwig Wittgenstein. Uma formulação muito perspicaz. O livro foi recusado pela editora em um primeiro momento, talvez porque Wittgenstein tenha afirmado que o manuscrito era composto por duas partes — aquela que estava escrita e uma outra, ainda não escrita, sendo essa última a mais importante. Ou talvez porque o editor tenha pensado que um filósofo deveria estar preparado justamente para dizer aquilo que os outros imaginam que não se deve expressar. Porque esse é o papel de um filósofo.

Foi a conversa entreouvida nos salões da burguesia decadente de Viena no início do século XX que o levou a concluir o livro da maneira como o fez. Wittgenstein achava que a conversa vazia dos compatriotas ameaçava o próprio sentido da vida. Eu acho que ele tinha razão. Jogar tempo fora é muito assustador.

O *Tractatus* foi em parte concebido na ilha de Skjolden, no fiorde de Luster, um braço do fiorde norueguês de Sogn. A natureza, o silêncio e a distância de outras pessoas moldaram Wittgenstein e sua filosofia: "Não consigo me imaginar trabalhando em nenhum outro lugar da maneira como trabalho aqui. É o silêncio e, talvez, o panorama incrível; refiro-me à seriedade do silêncio por aqui".

Quando ouvi a proposta sobre calar-se a respeito daquilo sobre o que não se pode falar, pensei que Wittgenstein estaria sugerindo uma atitude passiva em relação ao que não podemos discutir em palavras. Me pareceu uma conclusão meio confusa. Tive dificuldade para compreender como Wittgenstein chegou a essa conclusão em meio à natureza exuberante, rodeado por cachoeiras, encostas de montanhas e vales, escrevendo defronte ao fiorde. Claro, horizontes inexplorados despontam para além do não dito. É justamente nessa parte que a diversão começa. Mas eu não tinha compreendido Wittgenstein da maneira adequada, o que talvez não fosse tão estranho. Quando comprei o *Tractatus*, o folheei depressa para ler a frase de encerramento.

Depois li tudo que vinha antes. No restante do livro, Wittgenstein enfatiza que podemos *mostrar* tudo aquilo para o que não encontramos palavras.

"O que pode ser *mostrado* não pode ser *dito*." As palavras estabelecem limites. "Acredito que eu e todos aqueles que um dia tentaram escrever ou falar a respeito de ética ou religião tiveram uma tendência a lutar contra as barreiras da língua. Essa luta contra tudo que nos limita está fadada ao fracasso total e absoluto." A ética de Wittgenstein diz respeito ao próprio sentido da vida. Nem mesmo o conhecimento pode encontrar palavras para essas coisas. "A ética, na medida em que surge de uma necessidade de falar sobre o sentido fundamental da existência, o bem absoluto, o valor absoluto, não pode ser uma ciência." É preciso mostrar, pensar e sentir.

20

É bom compartilhar alegrias.

Nos dias mais corridos, sinto falta de alguém com quem dividi-las. Mas isso também pode ser uma perturbação. No fim da minha adolescência, ouvi uma história sobre o herói de guerra Claus Helberg, que depois se tornou um guia muito admirado das montanhas norueguesas. A anedota parece uma resposta fortuita, porém muito precisa, à ideia de Wittgenstein, segundo a qual "nada se perde" desde que você não tente "dizer o indizível".

De manhã bem cedo, Helberg saiu de Finsehytta com um grupo de aventureiros. A luz de verão retornara, o inverno havia ido embora e novas cores surgiam por toda parte. As condições eram fantásticas, e ele começou o passeio entregando a cada um dos aventureiros um bilhete, no qual se lia: "Sim, este lugar é incrível".

Wittgenstein observou apenas em parte a própria interdição quanto a falar a respeito das coisas sobre as quais não se pode falar. Não se manteve calado sobre o fato de que se mantinha calado, mas falava com frequência a respeito do assunto. Helberg foi mais longe do que Wittgenstein. Ele se calou, simplesmente.

Pensei muito a respeito dessa história. Depois de uma vida inteira nas montanhas e depois de toda a luta contra as forças de ocupação nazista, Helberg compreendeu que as palavras estabelecem limites para o que podemos vivenciar. Ele queria evitar que as pessoas do grupo passassem o dia falando umas para as outras que aquele lugar era fantástico, em vez de se concentrarem no que havia de fantástico. As palavras são capazes de acabar com o clima. Elas não são suficientes. Claro que é maravilhoso compartilhar grandes experiências, mas a conversa também pode nos afastar delas. Por vezes me ocorreu que as alegrias mais simples, como admirar o musgo verde em uma pedra, são as que menos se prestam a ser postas em palavras. Helberg queria que todos vissem, pensassem e se admirassem com as montanhas, o céu, o musgo e as plantas que aos poucos começavam a brotar na primavera.

21

Será possível estar presente no mundo e, ao mesmo tempo, ausente dele? Claro.

Para mim, o mais importante são os momentos fugazes em que me concentro no horizonte para então ser engolido pelo ambiente ao redor de mim, ou então quando examino uma pedra com musgo verde e não consigo tirar os olhos dela, ou, ainda, quando carrego uma criança nos braços.

O tempo de repente para, e eu me sinto ao mesmo tempo profundamente presente e completamente ausente. De repente um desses momentos fugazes parece uma eternidade.

É como se o momento e a eternidade fossem uma coisa só. Claro que aprendi que esses dois conceitos são opostos. Que ocupam extremos da mesma escala. Mas às vezes eu, assim como o poeta William Blake, não consigo distinguir a eternidade de um momento passageiro:

To see a World in a Grain of Sand,
And a Heaven in a Wild Flower
Hold Infinity in the palm of your hand
*And Eternity in an hour.**

Eu vivo para momentos como esse. Me sinto como um mergulhador que abre uma concha e encontra a pérola mais perfeita que já viu.

A eternidade, o momento ou a experiência de ter encontrado essa pérola se encontra "absolutamente fora do tempo", como escreveu o filósofo Søren Kierkegaard.

Em geral, o tempo é "a sucessão eterna" — linear, desprovido de uma hierarquia interna.

Mas de repente tudo se transforma. A sucessão já não é mais eterna. Um segundo já não dá mais início ao próximo. Não sob a forma de uma contradição entre o passado e o futuro. Não, é mais do que a cessação do tempo que corre, ou a "sucessão abolida", como Kierkegaard a chamou. O tempo para.

---

* Em tradução livre: "Ver um Mundo em um Pequeno Grão,/ E o Céu na Rica Flora,/ Ter o Infinito na palma da mão/ E a Eternidade numa hora".

* * *

Eu sempre acho que não consigo chegar ao âmago desse tipo de leitura, mas afinal de contas quase ninguém consegue. Então não desista. A alegria de ler, sentir e pensar acerca desses momentos se deve ao fato de descrever algo que se parece com o que encontro na natureza, na cama, enquanto leio, e que eu achava bem mais única quando era mais jovem. No fim ela não era tão especial assim. O mundo é trancado do lado de fora por um instante, e a paz e o silêncio tomam conta. Esses são sentimentos que todos nós temos, em graus variados, de formas diferentes, e que considero dignos de serem cultivados e desenvolvidos. Às vezes, quando estou nas montanhas, eu pego uma pedra com musgo e a guardo para colocar na minha mesa da cozinha ou na sala, para me lembrar do que vivi. As mais bonitas eu dei de presente. No meu escritório, tenho sempre uma pedra de enfeite.

Ed Ruscha
Light Streak, 2003

22

"Fazer poesia é saber escutar", disse Jon Fosse, "[...] não inventar; trata-se, por assim dizer, de encontrar uma coisa que já existe — e é por isso que muitas vezes, em contato com a grande poesia, as pessoas têm aquela impressão de 'eu já sabia disso, só não tinha percebido de maneira clara'." Assim como Wittgenstein, Fosse ficou marcado pelo cenário da região de Vestlandet. Quando você escuta, certas coisas são ditas a você, e são essas coisas que você escreve. "A língua escuta a si mesma." Tudo que não vem de dentro torna-se de certa forma uma informação de segunda mão, pelo que entendo de Fosse. O que vem de fora já foi contado. O que há de importante, único, já existe dentro de você.

Uma condição é "retornar novamente à paz que existe em você". Jon Fosse age assim em Vestlandet, em Oslo e na área rural ao redor de Viena. Eu acredito que a vida fica mais emocionante quando os sentimentos ganham mais espaço para se desenvolver. Eu sinto, logo penso, logo existo. Pois, além dos nossos costumes, que naturalmente são responsáveis por muitas de nossas atitudes, também somos guiados e movidos pelos sentimentos. Parece-me fácil esquecer isso, e nessas horas é bom pensar em pessoas como Nansen, Helberg e Fosse.

23

O que há de silencioso em você permanece um mistério. Não acho que se deve esperar outra coisa.

Mesmo que todos os enigmas científicos do mundo fossem solucionados, esse detalhe não mudaria em nada. Nessa hora, os números e as palavras da ciência desaparecem. O silêncio não envelhece nunca, permanece sempre novo. A ciência se resume a fazer observações ao longo do tempo, algo que depois pode ser comprovado. A ciência explica as coisas materiais, que foram criadas. Ou, dito de outra forma: as coisas que foram criadas e que podemos ver e reconhecer. Para além do reconhecimento está o silêncio. "Claro que é possível achar que não existe nada além das coisas criadas, das coisas materiais. Neste caso não existe poesia, nem filosofia, nem a música de Bach. Mas esse assunto eu deixo para outros", conclui Fosse. Não são apenas a poesia, a filosofia e Bach que desaparecem nesse caso. Fosse também pensa em você.

Tenha em mente que o silêncio que você

experimenta é um pouco diferente do silêncio das outras pessoas. Cada um tem o seu próprio silêncio.

24

Na música, a ausência de som é natural. É uma aventura escutar as obras de Ludwig van Beethoven: tam-tam-tam, taaam... Minha parte favorita é a cesura, a pausa entre as notas — o silêncio entre os sons dos instrumentos. É nesses momentos que eu desperto.

A ciência já demonstrou que são intervalos como esses que geram a atividade neural intensa e positiva que experimentamos. Essa também é a minha experiência. Não são apenas as notas, são os silêncios repentinos de Beethoven que despertam nosso cérebro e provocam faíscas em nossa cabeça. Beethoven compreendia que, quando somos entregues ao silêncio, nossa mente e nossos pensamentos se expandem. Miles Davis, o trompetista e poeta da solidão, fez a mesma descoberta. Em um gênero musical associado a festividades coletivas e extroversão, Davis ganhou o respeito das pessoas pelos silêncios dramáticos em suas apresentações: as notas que escolhia não tocar eram tão importantes quanto as que tocava. No fim das apresentações, quando a música acabava e fazia-se um instante de silêncio antes da rodada de aplausos, era como se o cérebro trocasse de marcha.

Como sabemos, Beethoven ficou completamente surdo. Esse desdobramento inesperado despertou uma profunda originalidade e conferiu-lhe uma enorme sensação de liberdade. A *Nona sinfonia* foi composta a partir de sons que existiam apenas na cabeça de Beethoven. Durante a primeira execução da peça, Beethoven regeu a orquestra de costas para o público. Quando a apresentação terminou, precisou se virar para ver se o público estava aplaudindo ou vaiando. E as pessoas não somente aplaudiram: o entusiasmo e os gritos foram tão intensos que a polícia foi chamada para restabelecer a ordem e a tranquilidade.

Em idade mais avançada, Beethoven compôs obras demasiadamente avançadas para o público da época. Os quartetos de cordas pareciam tão modernos que seus contemporâneos concluíram que aquela música devia ser resultado da loucura de um homem velho demais. Cem anos depois, quando essas peças foram reavaliadas, os quartetos foram considerados obras-primas.

Na palestra "Lecture on Nothing", que me serviu de inspiração, o compositor John Cage cita outro compositor, Claude Debussy, que afirmou o seguinte a respeito do próprio método de trabalho: "Eu pego todas as notas que existem, deixo de fora as que não quero e uso todas as que sobram".

Mais tarde, Cage deixou de fora todas as notas da peça 4'33 e assim criou seus quatro minutos e trinta e três segundos de silêncio. Até hoje o público adora esse silêncio. Ou, melhor dizendo: esse silêncio, menos os barulhos que o público faz enquanto tenta permanecer em silêncio.

Cage fez muitas observações profundas e intelectuais a respeito do silêncio, e vale a pena assisti-lo no YouTube, mas eu costumo pensar no silêncio como um método prático para encontrar respostas para o enigma fascinante que você é — o que nos ajuda a encontrar uma nova perspectiva, a partir da qual podemos observar tudo aquilo que se esconde além do horizonte.

Você também pode ouvir pela mandíbula. Depois que o inventor Thomas Edison, que também era surdo, inventou o fonógrafo, o precursor do toca-discos, ele precisou se debruçar no aparelho e morder a borda de madeira. Assim podia sentir as vibrações pela mandíbula: "Eu mordo bem e com força, e assim ouço bem e alto". Essa não foi apenas a única maneira que encontrou para testar a própria invenção, mas também a única solução que encontrou para admirar a música.

25

Os produtores musicais e os artistas de hoje são criticados pelo excesso de efeitos que usam em todas as faixas, sem nunca dar chance a interlúdios silenciosos, mas nesse ponto acredito haver um pequeno mal-entendido da parte dos críticos.

Claro que boa parte do silêncio dos antigos hits desapareceu quando foram remasterizados para se adaptarem ao formato MP3, e também porque todo mundo hoje em dia ouve música em fones de ouvido. Assim o panorama acústico fica comprimido e parece mais plano. Esse é apenas um dos motivos para que os discos de vinil tenham uma sonoridade distinta. Existe mais dinâmica, mais variação na potência sonora. O silêncio ainda existe na música, inclusive em gravações mais recentes, porém se tornou cada vez mais alto com o passar dos anos. Quando um hit como "Diamonds", de Rihanna, foi escrito, os produtores começaram com o silêncio. Bem, os produtores começam sempre com o silêncio, segundo dizem. Primeiro o silêncio, depois os diferentes elementos que são cuidadosamente acrescentados.

O primeiro elemento é o mais importante e provavelmente o mais difícil. Se houver um excesso de instrumentos, ideias e sons, é mais difícil fazer com que a música atinja o efeito desejado. Em "Diamonds" os produtores foram contidos, e acho que essa música é um bom exemplo de que, quanto menos forem os elementos empregados, mais clara se mantém a ideia original.

Em geral, as introduções das músicas pop de hoje em dia são um tanto quanto silenciosas, com build-ups que ganham força até o que se costuma chamar de drop. De repente a bateria e a melodia vocal entram juntas. "We're like diamonds in the sky." Passado mais um tempo, a música volta a um relativo silêncio, e em seguida tudo se repete.
É como em outras coisas na vida: se você vai fazer uma declaração importante, é uma boa ideia dar uma pausa antes e depois. Nosso cérebro gosta de contrastes. Desperta quando o panorama acústico muda e cochila quando permanece monótono.
Hoje em dia, se você for ouvir um DJ discotecando em uma arena, vai passar de uma a três horas em

meio a uma sucessão de build-ups e drops, build-ups e drops. Quando o DJ aumenta o volume, valendo-se da dinâmica, e aqueles sons altos encontram o meu corpo, sou lembrado de que o som é um fenômeno físico, de que se movimenta no ar e faz com que o lugar inteiro estremeça. O som é ar em movimento. Para reproduzir os graves, os alto-falantes precisam ter uma superfície grande, porque muito ar precisa ser deslocado, enquanto sons mais agudos exigem uma superfície menor. O DJ com frequência deixa uma ou duas batidas em silêncio antes de um novo drop. O silêncio cria uma expectativa em relação ao que está por acontecer. Alternativamente, você pode ouvir os sons agudos de um solo. O essencial é o contraste criado entre o muito e o pouco. Sempre dá certo.

Nosso cérebro está programado para prestar atenção quando a música se encontra no limite, quando está a ponto de sofrer uma alteração — de repente tudo fica em silêncio e logo em seguida aparece um som, ou você dança esperando que as notas mudem ou o volume se altere — nessas horas é como se o cérebro se expandisse. Eu me surpreendo com as reflexões e os pensamentos que surgem de repente. Por outro lado, a atividade cerebral diminui quando o panorama acústico permanece constante e previsível; o cérebro não está sendo testado.

26

Sons altos podem surgir de várias formas, mas o grito mais poderoso que já presenciei veio sem nenhum som; é a pintura O grito, de Edvard Munch. Eu fico em silêncio ao observar o quadro. Um silêncio eloquente entre mim e a obra de arte. Claro, eu sei que não posso saltar para dentro da tela e me transformar naquele que pousa a mão no ombro direito da figura que grita, porém me sinto uma parte tão integrante daquela experiência quanto a figura que grita.

O filósofo Denis Diderot acreditava que contemplar uma obra de arte interessante era como ser surdo e descobrir uma língua de sinais em um objeto conhecido. É uma formulação meio desajeitada, mas mesmo assim correta. Você está surdo diante da obra de arte enquanto tenta compreender o que aquilo representa. O estranho é que essa ideia também se aplica aos quadros bem mais introvertidos de um artista como Mark Rothko. As grandes superfícies retangulares pintadas em cores fortes e muitas vezes escuras são de certa maneira o oposto de *O grito*. Ao vê-las, você tem a impressão de que elas escondem uma enorme bateria, repleta de energia. "O silêncio é muito preciso", disse Rothko quando se recusou a explicar as pinturas em palavras. Se pudesse explicá-las com palavras, poderia ter escrito um artigo em vez de pintar.

Não sei como isso acontece, mas ficamos em silêncio ou começamos a falar baixo quando estamos próximos de grandes obras de arte e tentamos compreender o que o artista tentou comunicar. É uma situação que me lembra do céu estrelado de Nansen.

Uma boa obra de arte é como uma *máquina de pensamentos*, capaz de espelhar as ideias, as expectativas, o humor, a frustração e a intuição do artista, bem como outras experiências e sentimentos. Talvez eu me cale diante de uma obra de arte porque sei que todos os dias me vejo separado de certas coisas. Existem muitas coisas que não compreendo, não alcanço, e a arte não me deixa esquecer isso. Torno-me mais consciente, vivo para aquilo que estou fazendo e tranco o mundo do lado de fora.

Com um pouco de boa vontade, consigo ter uma sensação parecida ao voltar exausto para casa após um longo passeio de esqui, ou então ao comer ou beber coisas realmente boas. Nessas horas eu não consigo separar o que estou fazendo daquilo que sou.

Ed Ruscha
Double Light Leak, 2005

27

A artista performática Marina Abramović
transformou o silêncio em obra de arte. Fosse
deixou muita coisa a cargo do silêncio nas obras
que escreveu, mas em certas obras de Abramović o
silêncio é tudo que existe. Ela emprega o silêncio
como um músico emprega sons ou um pintor, a tinta
para se expressar.

De 14 de março a 31 de maio de 2010, Abramović
passou 736,5 horas no MoMA, em Nova York,
olhando 1545 visitantes nos olhos sem dizer uma
única palavra. A performance chamava-se *The Artist
is Present*.

Nos primeiros dias passados no MoMA ela ouvia
os mesmos barulhos que todos nós ouvimos em um
museu lotado. Pessoas que andam de um lado para o
outro, param e falam em voz baixa. Dias mais tarde,
ela conseguia ouvir os carros passando em frente ao
museu. Semanas depois, as batidas dos carros que
passavam em cima de uma tampa de bueiro na rua.
Eu nunca percebi nenhum barulho além daquele
feito pelo público no MoMA, mas sei que meus

sentidos também se aguçam durante longas viagens em meio à natureza. Ou quando simplesmente fecho os olhos. Nessas horas, o olfato e a audição parecem mais aguçados. Se tapo os ouvidos, a visão melhora.

Segundo Abramović, o oposto do silêncio é um cérebro em plena atividade. Um cérebro que pensa. Para encontrar tranquilidade, você não pode pensar. Não pode fazer nada. O silêncio é uma ferramenta para escapar do lugar onde você se encontra. Quando você chega a esse ponto, provoca uma "avalanche mental", nas palavras de Abramović. A eletricidade que existe no ar se transforma quando o mundo é trancado do lado de fora. Você pode permanecer isolado por muito tempo ou apenas por uma fração de segundo. O tempo para, como Søren Kierkegaard bem sabia.

Parece simples, mas é mais do que isso. Na primeira vez em que chegou a um deserto, Abramović ficou assustada. Vivenciou o oposto do silêncio, mesmo que o lugar em si fosse silencioso a ponto de permitir que ela ouvisse o próprio sangue correr pelo corpo enquanto o coração o bombeava.

Eu procurei o silêncio absoluto, sem jamais o encontrar. Um amigo meu foi mais além e se trancou numa sala à prova de som. A sala não apenas abafa todos os sons que vêm do lado de dentro, mas também impede que os sons de fora entrem. Não existia nenhum som nesse lugar. Ou será que existia? Meu amigo ouviu sons lá dentro. Talvez fossem sons imaginários, ou o sangue que circulava pelo corpo. Não sei, mas acredito que o silêncio absoluto existe mais como um sonho do que como uma realidade.

Caos. Essa é outra palavra que Abramović emprega ao falar sobre o que sentiu. Mesmo que tudo estivesse em silêncio a seu redor, a cabeça dela se enchia com os pensamentos mais variados. Ela lutava para encontrar paz em meio ao silêncio. Lembranças e pensamentos disputavam sua atenção. Aquele parecia ser um vazio realmente vazio, enquanto o objetivo era encontrar um vazio pleno, nas palavras dela. O vazio realmente vazio foi tão desconfortável que até hoje Abramović fala com certo receio a respeito do que aconteceu.

Eu reconheço essa experiência. A cabeça se enche de pensamentos não expressos e eu não consigo trancar o mundo do lado de fora.

O presente é experimentado. Foi o que Abramović tentou fazer, mas os pensamentos dela diziam respeito ao passado e ao futuro. É um obstáculo que ela precisa vencer. Criar o silêncio às vezes pode ser uma pequena façanha. Eu às vezes faço isso anotando diferentes pensamentos em um pedaço de papel, para assim esvaziar minha cabeça. Depois eu posso ler o papel e ver se havia qualquer ideia interessante que eu deveria levar adiante ou pelo menos lembrar. Abramović diz que tenta esvaziar a cabeça respirando lentamente pelo nariz para assim exercer controle sobre a própria respiração. "Tudo se resume a respirar." Assim ela pode atingir o objetivo que havia traçado — um silêncio pleno, um "silêncio dos pensamentos".

(Algumas semanas depois que este livro foi publicado na Noruega, estive com Abramović. Falamos sobre o silêncio e ela me disse que a melhor maneira de descrevê-lo seria colocar uma folha de papel A4 em branco numa copiadora e então colocar o original e a cópia uma ao lado da outra. "Isso é silêncio.")

28

Decorei um haicai, um poema curto, do poeta japonês Bashō:

> *Uma velha lagoa —*
> *Um sapo que dá um salto:*
> *O chapinhar da água.*

Quando o repito para mim mesmo, vejo uma paisagem tranquila, o sapo que encontra a água em um silêncio quase total e também as pequenas ondulações na lagoa plácida, que se espalham em círculos a partir do ponto onde o sapo mergulhou.

Outro poema japonês, escrito por um poeta anônimo das ilhas Matsushima, consiste em apenas duas palavras: "Ah, Matsushima". Eu gosto demais desse poema. O poeta aparentemente estava tão impressionado pelo que via, pela beleza que se revelou naquele lugar, que conseguiu apenas escrever o nome das ilhas antes de se recolher ao silêncio. Quando a verdade ou a realidade não se deixam descrever em palavras, como Wittgenstein e Helberg sabiam, a conversa parece demasiado pífia. Se o poeta tivesse escrito sobre os sentimentos que o invadiram, refletido e dado forma a eles, acredito que esses pensamentos teriam arruinado o poema. A flecha deixa o arco, como um mestre zen-budista descreveu o início de um poema ruim, mas "não voa diretamente rumo ao alvo, e o alvo tampouco se mantém imóvel", e depois o poeta se perde num excesso de palavras.

Aquilo que parece estar acontecendo entre duas pessoas é só uma parte relativamente pequena da história. O jogo de verdade transcorre abaixo da superfície. Se as vibrações pudessem ser transformadas em sons, o resultado seria o barulho de uma orquestra sérvia de sopros. Muitas vezes percebo que tem algo acontecendo, mas raramente entendo bem o quê.

Quando vou ao Japão, sinto que lá as coisas chegam à superfície com maior facilidade. Não falo a língua, mas gosto de estar na companhia de pessoas que a falam. Enquanto nós, que somos noruegueses, com frequência percebemos o silêncio numa conversa como algo que deve ser quebrado — todo bom jornalista sabe que as melhores partes de uma entrevista vêm logo depois que você fechou o laptop e agradeceu o entrevistado —, em japonês o silêncio é parte integrante da conversa. Quando tenho a chance de ver duas pessoas falando japonês entre si, percebo que as pausas curtas e longas parecem tão difíceis de articular como seria escolher as palavras certas. O silêncio parece ser tão repleto de significado quanto as palavras.

As pausas me dão a impressão de funcionar como uma ponte: os parceiros de conversa se encontram em margens opostas do rio e, quando voltam a falar, de repente transportam-se para a outra margem.

Trata-se de aprender o silêncio pelo silêncio.

29

Por vezes, senti falta do silêncio nos meus relacionamentos amorosos. Eu gosto de conversar e gosto de ouvir, mas a experiência me ensinou que a proximidade verdadeira surge quando passamos algum tempo sem falar. Sem a ternura que acompanha a paz e a tranquilidade, pode ser complicado descobrir as nuances de um relacionamento amoroso, compreender o outro. A conversa e outros sons podem facilmente se transformar em um mecanismo de defesa para evitar a verdade. Quando tudo que desejo se encontra em meus braços, as palavras tornam-se desnecessárias. O Depeche Mode tem uma música que trata desse tema:

> *All I ever wanted*
> *All I ever needed*
> *Is here in my arms**

---

* "Tudo o que eu sempre quis/ Tudo o que eu sempre precisei/ Está aqui em meus braços."

Segundo essa letra, nesses casos as palavras não podem fazer nada além de magoar. Como Stendhal escreveu em *Do amor*, existe sempre uma pequena dúvida em um relacionamento bem-sucedido. Essa dúvida "reveste cada momento de desejo, é a própria essência do amor venturoso". Quando o temor está presente, você não se cansa das alegrias do relacionamento. Talvez pareça uma ideia brutal, mas Stendhal tinha razão. A vida é brutal. Você vive de maneira perigosa quando trata essas coisas como garantidas. A maioria das pessoas imagina que escalar o Everest representa um grande risco à vida dos montanhistas, mas em geral é uma empreitada que dá certo. Por outro lado, eu não me arriscaria a tratar o amor recíproco como uma coisa garantida.

Para Stendhal, essa forma de felicidade é caracterizada pela seriedade. Para mim, se expressa quando ficamos juntos em silêncio.

Conversar e ouvir música são atividades que podem abrir portas, mas também podem fechar essas mesmas portas ao que existe de mais essencial. Seu parceiro não o entende quando você está em silêncio? Por acaso tem dificuldades ainda maiores para entender quando você fala? Acredito que tenha. De qualquer jeito, os poetas, os romancistas e os letristas já deram forma às palavras que você naturalmente tem vontade de dizer à pessoa que ama, então as chances de que o seu parceiro já tenha ouvido a sua declaração formulada de maneira um tanto mais elegante é bem grande. Como o místico Rumi supostamente teria dito: "Agora vou ficar em silêncio e deixar o silêncio separar as verdades das mentiras".

30

Há mais de vinte anos, o psicólogo Arthur Aron fez com que desconhecidos se apaixonassem no laboratório em que ele trabalhava. Eles eram apresentados, e, graças a um questionário previamente respondido, Aron sabia que os dois tinham características em comum. O formulário era composto por trinta e seis perguntas, como (pergunta 1) "Se você pudesse escolher qualquer pessoa no mundo, quem chamaria para jantar?", (pergunta 17) "Alternem-se mencionando características positivas do parceiro até atingir um total de cinco características" — neste caso é importante escolher as palavras com muito cuidado —, (pergunta 28) "Qual é a sua lembrança mais preciosa?", e a pergunta número 36 é... bem, eu sugiro que você descubra por conta própria.

Depois de responder as perguntas de Aron, os participantes deviam olhar nos olhos um do outro sem dizer nada por até quatro minutos. Dois voluntários se casaram seis meses depois do experimento e convidaram todas as pessoas do laboratório para a comemoração.

Um dos artigos mais lidos do *New York Times* em 2015 foi sobre a jornalista Mandy Len Catron, que experimentou a teoria de Aron na prática. No fim, ela reconheceu que uma paixão não é uma coisa que simplesmente acontece, mas algo que se faz acontecer, e optou por usar uma série de clichês elegantes ao descrever os quatro minutos finais, enquanto olhava nos olhos do parceiro em silêncio:

"Já esquiei por encostas íngremes e já me pendurei em paredões de rocha usando apenas uma corda, mas olhar nos olhos de outra pessoa por quatro minutos em silêncio foi uma das coisas mais emocionantes e assustadoras que aconteceu na minha vida. Passei os dois ou três minutos iniciais simplesmente tentando respirar de maneira normal. Houve uns tantos sorrisos nervosos até que, por fim, nos acostumamos àquilo.

"Sei que os olhos são a janela da alma ou coisa parecida, mas o que havia de crucial naquele momento não era apenas que eu estava vendo outra pessoa, mas que eu estava vendo outra pessoa me ver de verdade. Quando abracei o terror dessa revelação e me permiti absorvê-la, cheguei a um lugar inesperado."

As perguntas são muito bem formuladas. Eu também já as experimentei. É quase hipnotizante. A outra pessoa o escuta, você se sente compreendido, ela olha para você e o respeita sem qualquer outra apresentação. Quando você por fim senta e olha nos olhos dela — nessa hora, os quatro minutos parecem incrivelmente longos —, é como se vocês dois estivessem atraindo um ao outro.

31

Nunca fui uma dessas pessoas que aprendem depressa. Eu era tão disléxico quando pequeno que não conseguia nem falar a palavra "disléxico" até ter uns vinte anos. A experiência que mais me marcou em meio ao gelo da Antártida, debaixo de Manhattan, durante uma viagem da minha casa a Spålen, em Nordmarka, a caminho do meu escritório e numa poltrona em casa, foi a alegria que as pequenas coisas proporcionam. Saborear a comida quando eu estava morrendo de fome ao fim de um longo dia. Escutar e prestar atenção a nuances que em geral passavam batidas. Descobrir novos pensamentos e novas ideias. Remar. Pescar. Comer um pouco de cada vez.

Deixar que o mundo desapareça à medida que você entra nele.

Escutar é buscar novas possibilidades, novos desafios. O livro mais importante da sua vida é aquele que fala de você. Um livro aberto. Além disso, comecei a entender por que, ainda menino, eu era tão fascinado pelos caracóis que podiam levar a casa nas costas. Todos nós podemos levar nossas casas nas costas — tudo que temos está dentro de nós.

Às vezes me perguntam qual é a parte mais difícil de atravessar a Antártida de esqui, e para mim não há dúvida: a parte mais difícil é chegar ao polo Sul. Começar a falar outra vez. As primeiras palavras que ouvi quando atingi o meu objetivo foram: "Como você está se sentindo?". Eu tinha usado as mesmas roupas de baixo por cinquenta dias e cinquenta noites, e respondi: "Como um porco no chiqueiro". Foi mais difícil voltar a falar do que acordar cedo todas as manhãs. Estar a caminho quase sempre traz mais satisfação do que atingir o objetivo. Gostamos mais de caçar as lebres enquanto ainda não conseguimos caçá-las.

32

A maioria das pessoas que me apresentam tem conhecimentos suficientes para encher diversas vidas. Jamais se escreveu um romance contando mais coisas do que aquelas que você já viveu. Então respire fundo. Não é preciso muito para compreender o silêncio e sentir a alegria de trancar o mundo do lado de fora. O pequeno conhecimento, como escreveu o poeta Olav H. Hauge, é aquele que o seu coração sempre teve consigo:

> *Quando chega na hora, é sempre*
> *pouco o necessário, e esse pouco*
> *o coração já sabia.*

Que caminhos levam ao silêncio? Eu acredito em viagens em meio à natureza. Deixar os aparelhos eletrônicos em casa, seguir por um rumo onde tudo é deserto ao seu redor. Passar três dias sozinho. Não falar com ninguém. Aos poucos você começa a redescobrir coisas a respeito de você mesmo.

O importante, claro, não é o que eu acredito,

mas que todos sigam pelo seu próprio caminho. Você, as minhas filhas, eu — todos nós temos uma trilha a encontrar. *Sva Marga* — siga a sua própria trilha. Encontrar o silêncio é bem mais fácil do que muita gente pensa. Afinal, ele está onde você estiver. Nem professores, nem psicólogos, nem Pascal, nem John Cage, nem um pai de três meninas como eu podem explicar tudo para você em palavras. É bom se observar por conta própria. Por sorte, não existe uma fórmula mágica.

Eu, pessoalmente, preciso fazer longos trajetos a pé, mas sei que o silêncio está em toda parte.

O segredo é se afastar.

Você pode encontrar o seu polo Sul particular.

33

Agradecimentos

Obrigado pela ajuda: Joakim Botten, Kathrine Aspaas, Jon Fosse, Kristin B. Johansen, Liv Gade, Gabi Gleichmann, Lars Fr. H. Svendsen, Morten Faldaas, Iselin Shumba, Petter Skavlan, Haraldur Örn Ólafsson, Ed Ruscha, Josefine Løchen, Jan Kjærstad, Doug Aitken, Erlend Sørskaar, Lars Mytting, Knut Olav Åmås, M.M, Odd-Magnus Williamson, Tor Erik Hermansen, Kaja Nordengen, Anne Britt Granaas, Bjørn Fredrik Drangsholt, Aslak Nore, Mah-Rukh Ali, Mary Dean, Suzanne Brøgger, Leif Ove Andsnes, Åsne Seierstad, Anne Gaathaug, Henrik Hellstenius, Aase Gjerdrum, Mekia Henry, Michelle Andrews, Eivind Stoud Platou, Kjell Ove Storvik, Hans Petter Bakketeig, todos os funcionários da J.M. Stenersens Forlag e da Kagge Forlag. Gostaria também de agradecer ao tradutor desta edição Guilherme da Silva Braga.

Notas

A principal fonte deste livro foram coisas que eu já sabia, já tinha escrito, já tinha lido ou já tinha escutado. Não fui atrás de todas as fontes depois de todo esse tempo simplesmente porque não me lembro de tudo, mas a seguir apresento um panorama geral das referências que faço:

A palestra mencionada na introdução foi produzida pela TEDx/ St. Andrews em 26 de abril de 2015. Chama-se "Another Lecture on Nothing". (Disponível em: <www.youtube.com/ watch?v=SVxZ8LbX4Yk>. Acesso em 7 ago. 2017.)

As citações de Jon Fosse no capítulo 1 foram retiradas de e-mails que troquei com ele. As citações nas respostas 22 e 23 encontram-se em *Mysterier i trua*, um livro de diálogos entre Fosse e Eskil Skjeldal (Samlaget, 2015). O livro que eu ganhei da minha prima e a partir do qual faço citações é *Diese unerklärliche Stille/ Denne uforklarlege stille* (Buchkunst Kleinheinrich, Münster, 2015).

As citações de Martin Heidegger e as paráfrases das ideias apresentadas neste livro foram retiradas de *Ser e tempo* (Vozes, [1927] 2006). Além disso, cito também a palestra que Heidegger deu sobre tecnologia, "A questão da técnica", apresentada em 1953, e diversos artigos encontrados na internet. E, para que fique claro: eu não li todo o *Ser e tempo*.

O poema citado na resposta 6 é "Stillheten efterpå", de Rolf Jacobsen, retirado da coletânea *Stillheten efterpå...: Dikt* (Gyldendal, 1965).

A pesquisa meio duvidosa sobre peixes dourados que menciono na resposta 7 eu encontrei no artigo "You Now Have a Shorter Attention Span than a Goldfish", de Kevin McSpadden (disponível em: <http://time.com/3858309/attention-spans-goldfish>, acesso em: 7 ago. 2017) e em outros lugares. A anotação de David Foster Wallace foi comentada no texto "Will David Foster Wallace's *The Pale King* Be the Most Boring Book Ever?", de Lane Brow (disponível em: <www.vulture.com/2009/03/will_david_foster_wallace.html>, acesso em 7 ago. 2017). A anotação foi encontrada junto com o manuscrito do último livro escrito por ele, *The Pale King*.

A citação de Blaise Pascal e as referências ao que escreveu foram retiradas dos *Pensamentos*.

Muito foi escrito a respeito da pesquisa mencionada na resposta 8, e eu li o seguinte artigo, entre outros, para escrever o meu livro: "Doing Something is Better than Doing Nothing for Most People, Study Shows" (disponível em: <www.eurekalert.org/pub_releases/2014-07/uov-dsi063014.php acesso em 7 ago. 2017). Além disso, tive o prazer de ler o livro *Back to Sanity: Healing the Madness of Our Minds*, de Steve Taylor (Hayhouse, 2012), e o artigo "This Column Will Change Your Life: Just Sit Down and Think", de Oliver Burkeman, publicado no *The Guardian* em 20 de julho de 2014 (disponível em: <www.theguardian.com/lifeandstyle/2014/

jul/19/change-your-life-sit-down-and-think>, acesso em
7 ago. 2017).

Na resposta 9 eu menciono o Twitter e os fundadores
que começam a duvidar de seu negócio. Esse assunto surgiu
em uma conversa com Evan Williams, fundador do Twitter,
nos arredores de Londres no outono de 2015. A referência à
New York Review of Books consiste mais precisamente em um
artigo de Jacob Weisberg, "We Are Hopelessly Hooked", de
25 de fevereiro de 2016 (disponível em: <www.nybooks.com/
articles/2016/02/25/we-are-hopelessly-hooked/>, acesso em
7 ago. 2017). Refiro-me também a duas viagens transatlânticas
de barco. Hauk Wahl, Arne Saugstad e Morten Stødle (este
último, somente na viagem rumo ao Oeste) foram os meus
companheiros de bordo.

A citação na resposta 10 é de Stig Johansson, e as citações
de Sêneca foram retiradas de *Sobre a brevidade da vida*.

A paráfrase dos pensamentos de Fr. H. Svendsen sobre
o tédio na resposta 12 foi baseada em conversas com o autor
a respeito deste texto e na obra clássica dele, *A filosofia do
tédio*. O conceito de pobreza de experiências, até onde sei, foi
usado originalmente pelo desconhecido filósofo alemão Martin
Doehlemann.

As informações relativas ao canto dos pássaros eu encontrei
no livro *One Square Inch of Silence: One Man's Quest to
Preserve Quiet*, de Gordon Hempton e John Grossmann (Atria
Books, 2010), que por sua vez menciona a *The New Scientist*
(dezembro de 2006) e o artigo "Birdsong and Anthropogenic

Noise: Implications and Applications for Conservation", de Hans Slabbekoorn e Erwin A. P. Ripmeester, publicado na *Molecular Ecology* (disponível em: <http://onlinelibrary.wiley.com/doi/10.1111/j.1365-294X.2007.03487.x/abstract>, acesso em 7 ago. 2017).

O lugar em Jutlândia que menciono na resposta 14 é o Vækstcenteret. Eu nunca estive lá, mas li a respeito dele, por exemplo no *Politiken* (<http://politiken.dk/magasinet/feature/ece2881825/tag-en-pause-med-peter-hoeeg/>, acesso em 7 ago. 2017). No passeio em Los Angeles, estávamos em três: eu, Peder Lund e Petter Skavlan.

A pergunta feita por Humpty-Dumpty foi retirada de *Alice através do espelho*, de Lewis Carroll.

O artigo "My Periodic Table", de Oliver Sacks, que cito na resposta 17, foi publicado em muitos lugares. Eu o li na coletânea *Gratitude* (Picador, 2015). Está disponível no site do *New York Times*, em: www.nytimes.com/2015/07/26/opinion/my-periodic-table.html?_r=0>. Acesso em 7 ago. 2017.

Na resposta 18 faço referência a Elon Musk e a Mark Juncosa. As citações e outros comentários são baseados em perguntas que fiz a eles enquanto trabalhava neste livro, principalmente em Los Angeles, durante o inverno de 2016.

A citação de Ludwig Wittgenstein retirada do *Tractatus Logico-Philosophicus* que consta na frase 19 é a frase que encerra o livro. A outra é da seção 41212. A citação em que Wittgenstein fala sobre o trabalho em Skjolden foi retirada de uma carta escrita em 1936, que encontrei na Wikipédia. A citação seguinte encontra-se na coletânea de artigos *Wittgenstein and Philosophy of Religion*, organizada por Robert L. Arrington e Mark Addis (Routledge, 2004). A última citação foi retirada do livro *Tracking the Meaning of Life: A Philosophical Journey*, de Yuval Lurie (Universidade do Missouri, 2006).

A citação de Wittgenstein na resposta 20 consta no livro *Det stille alvoret*, organizado por Knut Olav Åmås e Rolf Larsen (Samlaget, 1994). A anedota a respeito de Claus Helberg foi contada pelo explorador polar Herman Mehren, que o conhecia bem e a ouviu pessoalmente.

As citações de Kierkegaard na resposta 21 estão no livro *Kierkegaard*, de Ettore Rocca (Gyldendal da Dinamarca, 2015).

Tor Erik Hermansen, metade do duo de produtores Stargate, falou a respeito de silêncio, da música "Diamonds", de Rihanna (que os dois produziram), e outros assuntos relacionados ao livro no verão de 2016 em Oslo. Mekia Henry e Kaja Nordengen forneceram as informações adicionais da resposta 25.

A expressão "máquina de pensamentos" na resposta 26 é boa, mas não é minha. Eu a encontrei em um lugar ou outro.

Fiz umas perguntas a Marina Abramović no verão de 2016 por ocasião deste livro. Ela estava em Las Vegas, "o lugar mais assustador do globo terrestre", segundo disse, e eu estava em Oslo. Petter Skavlan, que estava junto com Abramović, conduziu a entrevista como um favor de amigo a partir das perguntas que havíamos combinado. As citações foram retiradas dessa conversa. Meu amigo que esteve na sala à prova de som é o compositor Henrik Hellstenius.

Dizem que o próprio Bashō teria escrito o poema "Matsushima", citado na resposta 28, mas essa hipótese não me parece muito convincente. Além do mais, não está claro se o poema é composto por um ou por três versos:

> *Matsushima, ah!*
> *A-ah, Matsushima, ah!*
> *Matsushima, ah!*

Pessoalmente, gosto mais da versão com apenas uma linha e duas palavras. O mestre zen mencionado por ter escrito sobre o início de um poema ruim é D. T. Suzuki.

O artigo relacionado à pesquisa sobre a paixão é este: "To Fall in Love with Anyone, Do This", de Mandy Len Catron, e está disponível em: <www.nytimes.com/2015/01/11/fashion/modern-love-to-fall-in-love-with-anyone-do-this.html>. Acesso em 7 ago. 2017.

Crédito das imagens

p. 1 C-print, 50 x 37 ½" © Catherine Opie, cortesia de Regen Projects, Los Angeles

p. 28 © Erling Kagge

p. 29 © Kjell Ove Storvik

p. 31 © Nasa

p. 50 Óleo sobre tela, 72 x 67" © Ed Ruscha, cortesia do artista

p. 54 Óleo sobre tela, 71-¾" x 67-⅞" © Ed Ruscha, cortesia do artista

p. 70 © Steve Duncan

p. 84 © Doug Aitken, cortesia do artista

p. 98 © Nasa

p. 112 Acrílico sobre tela, 30 x 64" © Ed Ruscha, cortesia do artista

p. 128 Acrílico sobre tela, 36 x 67" © Ed Ruscha, cortesia do artista

pp. 148-9 © Haraldur Örn Ólafsson

p. 159 C-print, 50 x 37 ½" © Catherine Opie, cortesia de Regen Projects, Los Angeles

Sobre o autor

Erling Kagge nasceu em Oslo, Noruega. É explorador, escritor, editor e pai de três meninas adolescentes. Foi a primeira pessoa a caminhar sozinha no polo Sul e também a chegar aos "três polos" — Norte, Sul e o cume do Everest. Seus livros foram traduzidos para diversos idiomas.

Catherine Opie
Sunset IV, 2009

ESTA OBRA FOI COMPOSTA POR ACOMTE
EM INES BOOK E IMPRESSA PELA RR DONNELLEY EM OFSETE
SOBRE PAPEL PÓLEN BOLD DA SUZANO PAPEL E CELULOSE
PARA A EDITORA SCHWARCZ EM OUTUBRO DE 2017

A marca FSC® é a garantia de que a madeira utilizada na fabricação do papel deste livro provém de florestas que foram gerenciadas de maneira ambientalmente correta, socialmente justa e economicamente viável, além de outras fontes de origem controlada.